Lhasa
BHUTAN
Brahmaputra
Kunming
CHINA
BANGLADESH
Kalkutta
Mandalay
MYANMAR
LAOS
Golf von Bengalen
N
0
400 km
Rangun
THAILAND
zean
Khardung La
5602
Islamabad
Srinagar
7135
Nun
Leh
Rawalpindi
CHINA
(Autonome Region Tibet)
Indus
PAKISTAN
Dharmsala
Manali
Transhimalaya
Lahore
Amritsar
Sutlej
Himalaya
Gangesquelle
Yamunotri
6714
Kailash
Uttarkashi
Gangotri
Chandigarh
Badrinath
7816
Nanda Devi
Sutlej
Dehradun
Rishikesh
7132
Api
Haridwar
Ganganagar
Wüste Thar
Yamuna
INDIEN
Haidakan
NEPAL
Ganges
8167
Dhaulagiri
Moradabad
Delhi

W0372046

HERBiG Horizonte

Maria Wirth

Von Gurus, Bollywood und heiligen Kühen

Eine Liebeserklärung an Indien

Mit 56 Fotos

Herbig

Bildnachweis

Alle Abbildungen aus dem Archiv der Autorin

Besuchen Sie uns im Internet unter:
www.herbig-verlag.de

© 2006 by F. A. Herbig Verlagsbuchhandlung GmbH, München
Alle Rechte vorbehalten
Umschlaggestaltung: Wolfgang Heinzel
Umschlagbild: www.christophmukherjee.de
Karte: Eckehard Radehose, Schliersee
Herstellung und Satz: VerlagsService Dr. Helmut Neuberger
& Karl Schaumann GmbH, Heimstetten
Gesetzt aus der 10/13 Punkt Sabon
Druck und Binden: GGP Media GmbH, Pößneck
Printed in Germany
ISBN 3-7766-2480-9
ab 1.1.2007: ISBN 978-3-7766-2480-9

Inhalt

Nie wieder Indien?

Indien ist ein riesiges Land und hat viele Gesichter. Über tausend Millionen, genau genommen. Verständlich, dass die Meinungen über Indien weit auseinander gehen, denn sie hängen davon ab, welchen Gesichtern man begegnet.

»Wie hat Ihnen Indien gefallen?«, fragte ich einmal auf dem Rückflug nach Frankfurt eine Deutsche neben mir. Sie gehörte zu einer Reisegruppe, die mir schon in der Abflughalle in Delhi wegen ihrer Einheitskleidung – Shorts und T-Shirt – aufgefallen war. »Was kann man von so einem Land schon erwarten?«, fragte sie zurück, ohne wirklich mit einer Antwort zu rechnen. Sie vermutete sicher, dass jeder, genau wie sie selbst, »Nichts« antworten würde.

»Für mich ist Indien das beste Land überhaupt, und ich lebe seit über 20 Jahren dort«, überraschte ich sie. Sie staunte: »Wirklich? So lange? Können Sie mir sagen, was Sie an dem Land gut finden?«

Es war auch bei mir keine Liebe auf den ersten Blick gewesen. Indien versteckt seine guten Seiten. Wer Bequemlichkeit erwartet, wird wahrscheinlich sogar auf einer Luxusreise enttäuscht. Irgendwann wird man mit gewieften Händlern, anhänglichen Bettlern, Schlaglöchern, Dreck, Kakerlaken oder Hitze hautnah konfrontiert und kommt in Situationen, die nicht so sind, wie man sie sich wünscht.

Auch die Inder kommen ständig in Situationen, die äußerlich betrachtet alles andere als ideal sind. Das Leben in Indien ist hart. Die Menschen sind viel stärker auf Tuchfühlung

In Eravikulam, einem 2000 m hoch gelegenen Tierreservat in den Nilgiris-Bergen (im Februar 1980)

mit Armut, Krankheit, Unglücksfällen und Tod als wir im Westen. Auch die Konkurrenz um Ausbildungs- und Arbeitsplätze ist unvorstellbar groß. Zum Beispiel machen rund 300 000 Studenten die Aufnahmeprüfung für die begehrten indischen Technologie-Institute (IITs). Knapp 5000 werden im Endeffekt angenommen, alle andern müssen mit der Enttäuschung fertig werden. Und als die Eisenbahn 20 000 einfache Arbeitsstellen zu vergeben hatte, bewarben sich eine dreiviertel Million Männer!

Dennoch sind die Inder erstaunlich leicht zu einem Lächeln bereit und finden selbst nach schrecklichen Katastrophen schnell ihren Lebensmut wieder. Sie sind Meister im Annehmen schwieriger Situationen und schwieriger Menschen und würden dafür bei den Olympischen Spielen die Goldmedaille davontragen, wenn es diese Disziplin gäbe. In Indien wird vergleichsweise wenig gejammert. Die Inder haben erkannt, dass Jammern und Sich-Beklagen nichts bringt außer schlechter Laune. Es ist diese weise, sich fügende Haltung, die Indien eine besondere Stellung in der Welt gibt und die sich auch im Alltag bemerkbar macht.

Ich besuchte einmal einen Freund in Delhi. Es war Hochsommer. »Ist das heiß!«, stöhnte ich, kaum dass ich mich gesetzt hatte. Ich hielt mein Jammern für die natürlichste Reaktion der Welt, denn es hatte ganze 43 Grad Celsius im Schatten. »Ja, es ist heiß«, bestätigte mein Gegenüber ruhig. Mir fiel in dem Moment plötzlich auf, dass es zwischen seiner und meiner Bemerkung einen riesengroßen Unterschied gab. Er stellte eine Tatsache fest, während ich darüber klagte, und mir wurde klar, dass seine Haltung meiner definitiv vorzuziehen ist, sofern man die Wahl hat. Mein Stöhnen macht weder mich noch andere glücklich, im Gegenteil, und an der Hitze ändert es sowieso nichts.

Indien ist traditionell das Land der Weisheit. Diese Weisheit ist ein Schatz, der inzwischen immer mehr vom Westen entdeckt und geschätzt wird. Sie ist heute die einzige Tradition in der Welt, die ununterbrochen viele tausend Jahre zurückreicht. Sie wurde unter den muslimischen Herrschern blutig verfolgt und danach von den christlichen Missionaren unter den englischen Kolonialherren verteufelt und lächerlich gemacht. Dennoch blieb sie erhalten. Das zeugt von ihrer Kraft. Es gibt immer noch viele Gesichter, aus denen sie hervorleuchtet.

Still sein und nach innen gehen wird in Indien nicht als Zeitverschwendung betrachtet. »Innen« ist die wichtigere Dimension. »Außen« ist zweitrangig und spiegelt das »Innen« wider. Fragen nach dem Sinn des Lebens werden nicht vom Tisch gewischt. Indien gibt die Antwort auf die Frage, wie das Leben zufrieden und glücklich verlaufen kann.

Das spirituelle Indien steckt hinter dem Erscheinungsbild eines Entwicklungslandes mit seinen negativen Seiten, wie Armut und Korruption. Doch in spiritueller Hinsicht ist Indien höher entwickelt als andere Länder. Und das macht sich in der Atmosphäre des Landes bemerkbar.

Bharat Mata, »Indien-Mutter«, nennen die Inder ihr Land. Es ist für sie lebendig, wie eine Mutter lebendig ist, die ihre Kinder trägt und nährt. Selbst mir, die ich im Westen aufwuchs, wo die Trennung zwischen Lebewesen und »toter« Materie für selbstverständlich gehalten wird, kommt es inzwischen so vor, als ob das Land lebendig sei. Denn wie könnte ich es sonst lieben?

Die »Indien-Mutter« ist großzügig und lässt alle Menschenkinder bereitwillig an ihrem Schatz teilhaben. Sie zeigt jedem, wie das Leben froh und lebenswert wird, sofern er es wissen will. Doch sie drängt sich niemandem auf und versucht auch niemanden von ihrer Weisheit zu überzeugen. »Es gibt viele Wege zum Gipfel«, erläutert sie in ihrer toleranten Art und steht mit dieser Ansicht auf der Welt ziemlich alleine da. Sie lässt es sich gefallen, dass andere sie abwerten oder falsch darstellen. »Die Wahrheit triumphiert«, ist ihr Motto. Und sie ist nicht in Eile.

Es kann also leicht passieren, dass sich der Besucher vom äußeren Erscheinungsbild Indiens abgestoßen fühlt und Indiens Stärke gar nicht wahrnimmt. Das ging nicht nur der Frau im Flugzeug so. So war es auch bei mir nach meinem ersten Besuch noch während des Studiums gewesen. »Nie wieder Indien«, soll ich laut meiner Mutter sogar gesagt haben, als ich von dort nach sechs Wochen mit einer Magenverstimmung zurückkam.

Damals verleideten mir vor allem die Bettelkinder in Bombay (heute Mumbai) den Aufenthalt. Sobald ich mein kleines Hotel an der Strandpromenade verließ, hefteten sie sich an meine Fersen, zupften an mir, schlugen sich auf ihre nackten Bäuche und jammerten mir etwas vor. Besonders schlimm war es, wenn ich mich in Ruhe irgendwo hinsetzen wollte. Ruhe konnte ich vergessen. Ich fühlte mich den Bengeln nicht gewachsen und hatte keine Ahnung, wie ich mich verhalten sollte. Ich wurde sie nicht los, egal, ob ich ihnen etwas gab

Frisch, munter und selbstbewusst: Jungen in Südindien, die unbedingt fotografiert werden wollten

oder ob ich mich stur stellte. Sie waren mir in punkto Selbstbewusstsein haushoch überlegen. Natürlich taten sie mir auch manchmal Leid. Doch oft ärgerte ich mich über mich selbst, dass ich mich von ihnen in die Enge treiben ließ.

Erst Jahre später, als ich schon in Indien lebte, entdeckte ich, dass es eine andere Art gibt, mit Bettelkindern umzugehen, von denen es inzwischen übrigens viel weniger gibt. Es macht nämlich einen großen Unterschied, ob ich sie für Plagegeister halte, denen ich blindlings zu entkommen versuche, oder ob ich sie anschaue und sie als Kinder sehe, denen ich von Herzen alles Gute wünsche. Ob ich dann Geld gebe oder nicht, ist plötzlich nicht mehr wichtig, denn die Verbindung zwischen uns ist nun auf einer anderen, menschlicheren Ebene.

Dass ich trotz des »Nie wieder Indien« fünf Jahre später wieder nach Indien flog, war Zufall. Es war Dezember 1979. Ich hatte mein Psychologie-Diplom in der Tasche und genügend Geld, das ich nebenbei mit einem Crêpes-Stand auf Hamburger Märkten verdient hatte. Ich wollte nach Australien.

Da traf ich Jürgen, einen Bekannten. Ich erzählte ihm, dass ich bald nach Australien flöge. »Genau zur gleichen Zeit fliege ich nach Indien«, meinte er überrascht. »Komm mit mir in die Tierschutzreservate in Kerala«, schlug er vor. »Indien liegt ja auf dem Weg, von dort aus kannst du weiter nach Australien.«

Jürgen wollte in Indien Fotos für eine Tierzeitschrift machen. Wir würden mitten im Dschungel übernachten, Elefanten und Tiger aufspüren und von indischen Wildhütern begleitet werden, malte er mir aus. Es klang verlockend. Ich sah uns in meiner Vorstellung im unwegsamen Urwald auf Elefanten reiten und nachts neben einem schützenden Lagerfeuer in Hängematten schlafen.

Ich plante Indien als Zwischenstopp ein.

Fährt man mit dem Überlandbus, bleibt für das Gepäck zu hoffen, dass es nicht regnet ...

Dieser Zwischenstopp dauert inzwischen bald 27 Jahre. Jürgen flog nach vier Monaten nach Deutschland zurück, und ich bin immer noch in Indien und war noch immer nicht in Australien. Indien hat mich bei diesem zweiten Besuch in seinen Bann gezogen. Das Land war weit, hell und warm. Die Leute waren hilfsbereit und herzlich zu mir als Ausländerin. Eine Andeutung eines Lächelns meinerseits und ich konnte ihr Wohlwollen förmlich spüren.

Bei diesem zweiten Besuch fand ich auch Zugang zur indischen Weisheit und merkte, wie lebendig sie im Land ist. Sie erschien mir auf Anhieb vertraut und hielt mich in Indien fest. Ich vertiefte mich in sie und fing ein paar Jahre später an, über sie zu schreiben. Obwohl indische Weisheit sprichwörtlich ist und ich auch schon in der Schule die »Bhagavadgita« gelesen hatte, war mir nicht klar gewesen, worum es bei der indischen Weisheit geht. Als ich mehr über sie erfuhr und Heilige und Leute in deren Umfeld traf, merkte ich, dass sie mir aus der Seele sprach.

Mir leuchtete zum Beispiel sofort ein, dass alle Menschen auf einer tieferen Ebene miteinander verbunden sind. Die indische Analogie von der Welle und dem Meer macht es anschaulich: Die scheinbar unterschiedlichen, voneinander getrennten Wellen sind durchdrungen vom einen, gleichen Meer. Ähnlich sind alle scheinbar voneinander getrennten Personen auf dieser Welt durchdrungen vom einen Bewusstsein. Wir *sind* essentiell dieses Bewusstsein. Und mir wurde im Lauf der Jahre in Indien immer klarer, dass ich mein Leben leben will, um diese Wahrheit zu realisieren.

Die ersten sieben Jahre in Indien reiste ich durch das Land, ohne einen festen Platz zu haben, mit spärlichem Gepäck. Ich war oft in Aschrams und lernte viele Erleuchtete und/oder vermeintlich Erleuchtete kennen. Als ich nach sieben Jahren des Herumreisens eine Bestandsaufnahme machte, standen ganze 36 Namen auf meiner Liste. Ich hatte kaum einen

Guru ausgelassen. Es waren bekannte Namen darunter, wie Osho, Babadschi und Anandamayi Ma, und unbekannte Gurus, die nicht weniger eindrucksvoll waren, wie zum Beispiel Devaraha Baba, der rund 300 Jahre alt gewesen sein soll und auch so aussah, jedoch geistig ganz wach war und mir gut gefiel. Ich hatte auch die Gelegenheit, mit dem Dalai Lama ein langes, vertrautes Gespräch zu führen.

Es war eine ereignisreiche und inspirierende Zeit, in der sich mein Weltbild im Licht der indischen Weisheit wandelte, und damit meine Einstellung zu Gott, Liebe, Leben und Tod.

Eigentlich war es ein hartes Leben. Ich reiste in vollen Bussen oder Zügen zweiter Klasse, schlief in nicht sehr sauberen Betten in spartanischen Zimmern, aß nie zu Hause, weil ich kein Zuhause hatte, holte mir Gelbsucht und Malaria, aber ich hätte mit niemandem getauscht.

Nach sieben Jahren blieb ich bei einem Guru, bei Satya Sai Baba, lebte sieben Jahre lang in seinem Aschram und erfuhr am eigenen Leib, was es heißt, Anhänger – *Bhakta* – eines Gurus zu sein. Ich hatte vollstes Vertrauen zu Satya Sai Baba, glaubte ihm jedes Wort, hätte, falls nötig, meine Hand für ihn ins Feuer gelegt und ging durch die Höhen und Tiefen einer Guru-Schüler-Beziehung. Ich war mir absolut sicher, dass ich mich glücklich schätzen konnte, einen solch großartigen Guru gefunden zu haben, und nichts und niemand hätte mich vom Gegenteil überzeugen können.

Und doch rutschte eines Tages mein Glaube plötzlich weg, und ich fühlte mich erleichtert.

Danach landete ich ohne Absicht noch einmal bei einem anderen, unbekannten Guru. Er war ein reicher Kaffeeplantagenbesitzer mit Familie und das ziemliche Gegenteil von Satya Sai Baba. Auch in ihn setzte ich wieder mein vollstes Vertrauen und blieb fünf Jahre lang in seiner Nähe, in einer bergigen Gegend voller Kaffeeplantagen. Doch wieder fiel

Im Himalaja auf knapp 4000 m Höhe, nicht weit vom Gangesursprung (im Juli 2001)

eines Tages mein Glaube ab, und ich fühlte mich erneut erleichtert und frei.

Seither lebe ich ein »normales« Leben am Fuße des Himalajas außerhalb von Dehradun. Ich reise gelegentlich und halte mich im Winter oft in den Aschrams von Sri Aurobindo in Pondicherry und von Ramana Maharshi in Thiruvannamalai auf. Ich treffe weiterhin Gurus, zum Beispiel Amma, Sri Sri Ravi Shankar oder Swami Ramdev, und bin diesen Gurus dankbar. Doch ich habe kein Bedürfnis mehr, mich an einem Guru festzuhalten, denn das, was in ihnen ist, was sie attraktiv, mitfühlend und kompetent macht, ist auch in mir und in jedem – jederzeit bereit, aus der Tiefe aufzutauchen, wenn es nur zugelassen wird.

Mein Leben ist leicht und problemlos geworden. Das in Indien weit verbreitete Vertrauen, dass alles, was einem Menschen widerfährt, letztendlich zu seinem Besten ist, hat sich auch in mir wie selbstverständlich eingestellt, und die Zukunft macht nicht nur keine Angst, sondern sie spielt auch keine große Rolle mehr. Der Inder lebt generell mehr als der Westler in der Gegenwart und läuft nicht ständig auf die Zukunft zu. Er nimmt noch wahr, was um ihn herum geschieht, und ist fähig, darauf zu reagieren, zum Beispiel mit einem Lächeln oder einer Bemerkung einem Fremden gegenüber. Diese Haltung scheint abzufärben. Auch ich bin inzwischen mehr »da«, wo ich körperlich gerade bin, und nicht mehr so oft in Gedanken »woanders«.

Indien und seine Weisheit gaben meinem Leben eine andere Qualität. Die wesentlichste Veränderung ist undramatisch und doch grundlegend: Ich bin mit meinen Gedanken und Gefühlen nicht mehr so eng verwachsen und nehme sie nicht mehr so wichtig. Sie haben ihre Macht über mich verloren und können mich nicht mehr herumkommandieren. Folglich »muss« ich auch nicht mehr unglücklich oder ärgerlich oder beleidigt oder sonst etwas sein, sondern darf einfach ich selber sein.

Welche Erleichterung und Freiheit. Danke Indien!

So nah und doch so fern: Bei Osho in Puna

WÄHREND MEINES STUDIUMS an der Hamburger Uni waren mehrere meiner Bekannten Anhänger von Bhagwan Rajneesh, wie Osho damals hieß, einschließlich der Dozentin, die meine Diplomarbeit betreute. Sie hatten ihn in Puna, drei Autostunden östlich von Bombay, aufgesucht und waren in rote Gewänder gehüllt begeistert zurückgekommen.

Rajneesh war ein radikaler und erfrischender Freidenker und hat vermutlich nicht geahnt, welch entscheidenden Einfluss er auf eine ganze Generation junger Leute aus dem Westen haben würde, als er 1969 zum ersten Mal seine Ansichten einem kleinen Kreis von ausländischen Zuhörern in Kaschmir vorstellte. Die Teilnehmer eines Meditationscamps von Maharishi Mahesh Yogi, der durch die Beatles bereits einen gewissen Bekanntheitsgrad hatte, hatten Rajneesh eingeladen.

Vielleicht bereuten sie es, denn Rajneesh nahm kein Blatt vor den Mund. Er sagte ihnen, dass er die so genannte transzendentale Meditation von Maharishi für nichts weiter als ein Einschlafmittel halte. Sie könne beruhigen und sei gut für Leute, die unter Nervosität oder Schlaflosigkeit leiden. Aber sie sei weder Meditation noch transzendental, erklärte er. Meditation macht nämlich nicht schläfrig, sondern weckt auf – vom Schlaf und Traum in die Realität. Es zerstört jegliche Illusion und enthüllt, dass du Gott bist.

Bhagwan Rajneesh war seit jeher ein Rebell und schreckte nicht vor Konfrontationen zurück. Er war gelehrt, kannte alle spirituellen Traditionen und hielt nichts von Konventionen und schon gar nichts von Scheinheiligkeit und sexueller Repression – damit lag er voll im Trend der Hippiebewegung. Oft wurde er als Sex-Guru bezeichnet, nachdem sein Buch »Von Sex zum Superbewusstsein« Furore gemacht hatte, doch er glaubte sich missverstanden. »Eher bin ich ein Anti-Sex-Guru«, sagte er einmal und brachte den Vergleich von Kohle und Diamant: »Ich bin eher gegen Sex, indem ich für die Umwandlung von Kohle in einen Diamanten bin. Ich will Sex transformieren.« Und das geht seiner Meinung nach nur, indem man den Geschlechtstrieb nicht unterdrückt, sondern für heilig hält und Freundschaft mit ihm schließt. Er hätte den Blumenkindern nicht mehr aus der Seele sprechen können.

Womöglich hat Bhagwan Rajneesh jedoch die Welle der Begeisterung und Verehrung, die ihm in den siebziger und achtziger Jahren aus dem Westen entgegenschwappte, überwältigt, wenn nicht sogar verdorben. Die unzähligen Rolls-Royce, die er sein Eigen nannte, deuten zumindest in diese Richtung.

Seine Anhänger verbitten sich jedoch jeden Anflug von Zweifel an seiner Größe. Ich verstehe sie, denn auch ich war ganze zwölf Jahre lang ein Anhänger von Gurus. Doch heute, nach so langer Zeit in Indien, sehe ich Gurus anders, menschlicher. Ich stelle damit den positiven Einfluss, den ein Guru auf seine Anhänger haben kann, nicht in Frage. Aber die Vergötterung des Gurus ist meiner Meinung nach besonders für uns Westler mit Vorsicht zu genießen. Außerdem läuft der Guru Gefahr, den Lobpreis persönlich zu nehmen und dadurch seine Durchlässigkeit und Kraft zu verlieren. Die äquivalente Anrufung für unser »Lieber Gott!« ist in Indien »Hey Bhagwan!«. Wie es sich wohl anfühlt, allen Ernstes und voller Hingabe mit »Bhagwan« angesprochen zu werden, wenn jemand nicht völlig jenseits von Gut und Böse bzw. jenseits vom Ego ist?

Ich fühlte mich zwar nicht zu Bhagwan bzw. Osho, wie er sich später nannte, hingezogen und hätte seinetwegen nicht extra eine Indienreise unternommen, aber da ich nun ohnehin nach Indien kam, wollte ich die Gelegenheit nutzen, ihn zu sehen, und flog dafür eine Woche früher los.

Ich kam abends am 10. Dezember in Puna an. Alle Hotels in der Umgebung von Oshos Aschram waren voll, denn am nächsten Tag sollte Oshos Geburtstag gefeiert werden. Ich war unbeabsichtigt pünktlich dazu eingetroffen und schlief schließlich im Gang eines Hotels auf einer Matratze.

Das Programm begann morgens mit einer Rede von Osho. Jeder, der zuhören wollte, musste zehn Rupien zahlen und vorher zwei »Schnüffler« passieren, denn Osho war allergisch gegen eine Reihe von synthetischen Düften und es wurde empfohlen, die vom Aschram produzierten Shampoos zu kaufen. Ich hatte mir in der Früh die Haare gewaschen und kam nicht durch den Schnüffeltest.

Mir wurde ein rotes Kopftuch ebenfalls für zehn Rupien verordnet, und eine Helferin band damit meine Haare so streng zusammen, dass nichts mehr von ihnen zu sehen war. Ich bemerkte mehrere ähnlich rot beturbante Leute. Wir trafen uns in der Vortragshalle in einer speziellen Enklave wieder – extra für uns reserviert, in respektabler Entfernung von Oshos Sessel.

Dann kam er. In einem seiner unzähligen Rolls-Royce fuhr er ein paar Runden um die Halle, stieg aus und ging mit einer langen Robe und der für ihn typischen Mütze bekleidet auf seinen Sessel zu.

Er redete leise, und was er sagte, ergab einen Sinn. Zwischendurch streute er humorvolle Anekdoten ein. Er war ein brillanter Redner und sprach druckreif. Dennoch nickte ich gegen Ende seiner Rede ein. Ich war zweifellos noch müde vom Flug, aber es beschäftigte mich, wie ich in der Gegenwart eines möglicherweise Erleuchteten einschlafen und mir nichts von dem, was er gesagt hatte, merken konnte. Ich weiß allerdings nicht mehr, was ich mir damals unter einem Erleuchteten vorstellte.

Am Nachmittag wurden wir alle – rund 600 überwiegend junge Leute aus der ganzen Welt – in unzählige Busse verfrachtet und durch die Landschaft zu einem Hügel gefahren, auf den der Aschram in naher Zukunft umsiedeln sollte. Es gab noch keine Gebäude dort, nur Pläne. Es kam jedoch alles anders. Osho ging einige Jahre später in die Vereinigten Staaten und ließ sich in Oregon nieder.

Der Aschram in Puna wirkte so, wie ich mir einen amerikanischen Universitätscampus vorstellte: Junge, schöne Leute mit meist langen Haaren (Männer wie Frauen) in roten, wallenden Gewändern trafen überall auf Freunde und fielen sich in die Arme. Pärchen küssten sich, und jeder wirkte sehr modern, offen, extrovertiert. Ich fühlte mich nicht modern, offen und extrovertiert und zog mich in mich selbst zurück. Auf Anschlägen standen Angebote zu Encountergruppen, und es waren nicht nur die hohen Preise, die mich von einer Teilnahme abhielten. Jahre später sah ich ein Video von einer Encountergruppe. »Was dich nicht umbringt, macht dich nur stärker«, scheint das Motto dabei gewesen zu sein.

Ich nahm jedoch an Meditationen teil, die frei angeboten wurden. Vor allem die dynamische Meditation gefiel mir. Das intensive, schnell aufeinander folgende Ausstoßen des Atems und das anschließende Tanzen erhöhten den Energiespiegel.

Die wenigen Leute, mit denen ich sprach, schwärmten mir vor, welch innige Verbindung sie in der Meditation zu Osho hätten, die durch den »Energy Darshan« mit einem Daumendruck von ihm auf ihr drittes Auge hergestellt worden war. Ich war Neuling in der spirituellen Szene, obwohl ich während des Studiums in Wochenendkursen auch gelegentlich meditiert und einige Bücher zum Thema gelesen hatte.

Aber die meiste Zeit nahmen mich meine Gedanken mit auf einen Spaziergang.

Ich dachte damals, das ginge nur mir so, denn bei den Feedbacks in den Gruppen erzählten viele, dass sie Licht oder sonst etwas gesehen und wie toll sie sich gefühlt hatten. Ich glaubte es. Ich wusste nicht, dass Gedanken nicht nur in mir, sondern auch in anderen flugs wie der Wind sind und sich genauso schwer stillen lassen, und dass möglicherweise einige der Feedbacks eher Wunschträume waren und nicht unbedingt der Realität entsprachen.

Ich hielt es damals in Puna für möglich, dass der »Energy Darshan« tatsächlich eine Verbindung zwischen Osho und seinem Schüler schafft und die Meditation erleichtert. Testen konnte ich es nicht, denn es gab eine Bedingung, um zum »Energy Darshan« zugelassen zu werden: Man musste Sanyasi bzw. Neo-Sanyasi werden – Osho hatte dem traditionellen, strengen, indischen *Sanyas* (Entsagung der Welt) eine neue, großzügigere Form gegeben. Ich wollte jedoch kein Clubangehöriger werden und mich fortan in Rot kleiden, also blieb der Daumendruck außer Reichweite. Ich trug sogar absichtlich Blau oder Gelb, nur nicht Rot – selbst auf die Gefahr hin, dass ich die Erleuchtung verpasste. Ich spürte in Puna eigenartigerweise mehr inneren Widerstand gegen den Guru-Rummel um Osho als in Hamburg und blieb gerne Außenseiter.

Ich wäre eben noch nicht reif dafür, erklärte mir eine Studienkommilitonin aus Hamburg, die ich zufällig in der Kantine des Aschrams traf. Sie konnte nicht verstehen, dass ich in Osho nicht auf Anhieb den erleuchteten Meister sah. Und sie umarmte eine Frau, die ebenfalls in Rot neben ihr saß, und vertraute ihr an: »Ich kann mit Leuten, die keine *Sanyasis* sind, nicht mehr reden.«

Die Kantine war der Ort im Aschram, der mir am besten gefiel. Ich genoss das leckere Essen. Dort machte ich dann auch Bekanntschaft mit einer Kanadierin an meinem Tisch.

Sie war fertig mit ihrem Essen, holte ein Glas Erdnussbutter aus der Tasche und löffelte direkt aus dem Glas ihren Nachtisch. Ich musste lachen. Sie lachte auch und wir kamen ins Gespräch. »Hast du von Babadschi gehört?«, fragte sie unvermittelt. Ich war ganz Ohr. »Ja«, antwortete ich.

Ich hatte erst vor ein paar Monaten die »Autobiografie eines Yogis« von Paramahansa Yogananda gelesen. Er erzählt darin über Babadschi und Kriya-Yoga, eine Form von Yoga, die dieser gelehrt hatte. Babadschi faszinierte mich so stark, dass ich spontan an die von Yogananda gegründete Organisation in Kalifornien schrieb. Ich wollte durch Kriya-Yoga symbolisch Kontakt zu Babadschi herstellen. Per Post kam ein langes Formular, das ich ausfüllen sollte. Sie würden mir dann monatlich Lektionen zuschicken, die ich lernen müsste. Mein Wissensstand würde nach einem Jahr getestet, und wenn ich den Test bestünde, bekäme ich Einweihung in den Kriya-Yoga. Es klang kompliziert. Außerdem wollte ich ja bald nach Australien und hatte keine Adresse, an die die Lektionen geschickt werden könnten. Ich gab die Idee auf.

Babadschi ist ein großer Yogi, der angeblich immer wieder im Himalaja auftaucht und Schülern erscheint. Er war der Guru von Lahiri Mahasaya, der im 19. Jahrhundert lebte und den er den Kriya-Yoga lehrte. Lahiri Mahasaya war wiederum der Guru von Sri Yukteswar, und Yukteswar war der Guru von Yogananda. Yogananda stand also in der Tradition von Babadschi. Die Geschichten, die er in seiner Autobiografie über ihn erzählt, sind unglaublich.

Zum Beispiel hatte Babadschi dem Lahiri Mahasaya beim Abschied im Himalaja versprochen, dass er immer erscheinen wird, wenn dieser ihn ruft. Auf seiner Rückreise aus dem Himalaja übernachtete Lahiri bei Freunden in Moradabad und erzählte ihnen, wie Babadschi für ihn einen Palast materialisiert hatte. Seine Freunde waren verständlicherweise skeptisch und Lahiris Glaubwürdigkeit stand auf dem Spiel. Er erin-

War dieser Jüngling, den ich später treffen sollte, Babadschi?

nerte sich an Babadschis Versprechen und rief ihn. Babadschi erschien, ließ sich anfassen, aß mit ihnen. Doch er tadelte Lahiri: »Ruf mich nicht wegen Kleinigkeiten«, mahnte er. »In Zukunft komme ich nur, wenn du mich wirklich brauchst.«

Einerseits klang die Geschichte phantastisch, andererseits hielt ich Yogananda für glaubwürdig. Er würde sicher keine Lügen erzählen. Wie auch immer: Babadschi war für mich der Traum-Yogi.

Und nun erwähnte die Kanadierin ihn aus heiterem Himmel in der Kantine von Oshos Aschram. »Es gibt hier in Puna einen Yogi, der in direkter Linie zu Babadschi steht und Einweihung in Kriya-Yoga geben kann. Ich fahre heute Nachmittag hin. Magst du mitkommen?« »Gerne«, sagte ich, ohne zu überlegen.

Die Kanadierin wohnte im Blue Diamond Hotel, einem vergleichsweise teueren Hotel in der Nähe, und wir verabredeten, dass ich sie dort am späten Nachmittag abholen würde. Mein Aufenthalt in Puna hatte nach drei Tagen eine unerwartete Wendung genommen und meine Stimmung besserte sich.

Wir fuhren mit einer Auto-Rikscha in die Innenstadt. Sie stellte mich Sidoji vor, einem rund vierzigjährigen, freundlichen Mann. Er war ein Schüler von Hariharananda, der ebenfalls, wie Yogananda, Yukteswar als Guru gehabt hatte. Yukteswar hatte Yogananda Anfang des 20. Jahrhunderts nach Amerika geschickt, wo er 1952 starb. Hariharananda blieb in Indien, übernahm nach Yukteswars Tod den Aschram in Puri am Golf von Bengalen und starb erst im Jahr 2002.

Sidoji lebte in einem alten Haus mit Innenhof und überdachten Veranden. Zwei Jungen, seine Söhne, machten Schularbeiten auf der Veranda.

Wir waren fünf Ausländer, waren alle wegen Osho nach Puna gekommen und machten nun sozusagen einen Seitensprung. Sidoji lehrte uns Atemübungen als Vorbereitung für den Kriya-Yoga. Er sprach auch allgemein über die indische spirituelle Tradition und die Bedeutung von Kriya. Ich führte kein Tagebuch und erinnere mich nicht mehr an die Details, doch etwas blieb mir in Erinnerung: »Meine Frau und ich haben zwei Söhne, und das reicht uns«, sagte er sinngemäß. »Ich weiß, euch Westlern wird es komisch vorkommen, aber meine Frau und ich leben seither wie Bruder und Schwester zusammen. Das ist im Einklang mit unserer Tradition.«

Wir staunten. Es war ein starker Kontrast zu der Atmosphäre ein paar Kilometer entfernt – in Oshos Aschram, wo die Transformation von Kohle in Diamant anscheinend auf sich warten ließ bzw. sogar in Vergessenheit geraten war.

Ich bat Sidoji, mir die Einweihung in den Kriya-Yoga vor meiner Abreise nach Bombay zu geben, denn ich müsste einen Freund abholen. Er zögerte erst, ging dann jedoch auf meine Bitte ein und instruierte mich, wie ich meditieren, atmen und die Aufmerksamkeit auf die Wirbelsäule lenken sollte. Ich war dankbar und freute mich über den völlig unerwartet zustande gekommenen Draht zu Babadschi.

Im Dschungel

JÜRGEN KAM FRISCH AUS DEM DEUTSCHEN WINTER, den ich nach einer Woche in Puna schon ganz vergessen hatte, denn an die indische Umgebung und vor allem an das warme Wetter hatte ich mich schnell gewöhnt. Es kam mir nicht exotisch, sondern selbstverständlich vor.

Wir wollten von Bombay aus mit dem Zug nach Kerala gelangen, doch es gab keine Liegeplätze mehr. Der Zug fuhr abends ab und sollte morgens ankommen. Wir entschlossen uns, die Nacht im »General Compartment« sitzend zu verbringen. Was wir erst am nächsten Morgen nach einer durchwachten Nacht auf harten Holzbänken in einem überfüllten Abteil erfuhren: Die Fahrt zog sich nicht über eine, sondern über zwei Nächte hin.

Es ging an unsere Grenzen, und das war uns anzusehen. Einer unserer Mitreisenden überließ uns netterweise eines der Gepäckraster, die beim Einsteigen die ganz Schnellen in Besitz genommen hatten. Dort oben konnte man sich einigermaßen ausstrecken. Jürgen und ich wechselten uns ab. Es war zweifellos ein Opfer für den vorherigen »Besetzer«, doch der spielte nicht den selbstlosen Gönner. Er war einfach nur gastfreundlich und ich fragte mich, ob wir das verdient hatten.

Überhaupt fiel mir auf, dass die Inder recht gelassen die 40 Stunden auf der Holzbank hinnahmen. Ob Inder, und vor allem arme Inder, harte Bänke weniger spüren? Ich glaube es nicht, denn alle waren dünner als wir. Ich vermute aber, dass

Ein Affe schaukelt auf einer Tempelglocke. Affen wirken niedlich, können aber aggressiv sein.

ihr Kopf ihnen weniger Probleme macht. Sie saßen einfach da im Moment und dachten kaum an die 40 Stunden, die sie noch sitzen würden, während wir uns das Leben schwer machten, indem wir uns vor Augen hielten, wie viel Zeit wir noch »überstehen müssten«, und uns innerlich gegen die Situation wehrten. Dass dieses Sich-Wehren die Situation eindeutig verschlechterte und keineswegs verbesserte, kam uns seltsamerweise nicht in den Sinn.

Ich verbrachte seit diesen Nächten damals nie wieder eine Nacht im General Compartment, sondern schlief immer in reservierten Abteilen. Inzwischen gibt es sogar vollklimatisierte Züge, und alle Nachtzüge haben zumindest einige klimatisierte Waggons. Doch ich bin froh über jene Erfahrung und habe Verständnis und Sympathie für die Leute, die sich beim Einfahren eines Zuges vor dem General Compartment drängen und als Erste einsteigen wollen – um Gepäckraster zu ergattern.

Der Dschungel schließlich war faszinierend und der Aufenthalt in Kerala viel weniger anstrengend, als ich es mir vorgestellt hatte. Die einfachen Unterkünfte mitten in der Wildnis entpuppten sich als unerwartet komfortabel. Es gab keine Hängematten und kein Lagerfeuer wie in meiner Vorstellung. Wir wohnten in Forest Resthouses, die die englischen Kolonialherren für ihre Forstbeamten gebaut hatten und die jetzt auch Touristen zugänglich sind.

An einen dieser Bungalows im Periyar-Wildpark erinnere ich mich besonders gut: Zuerst fuhren wir zusammen mit einem Wildhüter, Koch und Träger zwei Stunden lang mit dem Boot vom See aus flussaufwärts, schlugen uns dann noch sechs Kilometer im Gänsemarsch durchs Dickicht und standen plötzlich vor einem fürstlichen Bungalow, zwar spartanisch möbliert (das Prunkstück war ein Standspiegel), aber mit überdachter Veranda rundum, blühenden Büschen davor und umgrenzt von einem breiten Graben, der Elefanten davon abhalten sollte, ins Haus zu trampeln.

Elefanten sahen wir viele und ganz aus der Nähe – und hätten sie oft beinahe übersehen, weil sie wie graue, unscheinbare Felsblöcke im Dickicht standen. Jürgen pirschte sich näher und näher und wir anderen warteten zappelig in keineswegs sicherer Entfernung im Gelände oder, sofern es befahrbare Wege gab, im Jeep. Jürgen hatte nur seine Fotos im Kopf und übersah oft die drohend wedelnden Ohren der Dickhäuter und überhörte die dringlichen Rufe des Wildhüters. Es war ihm gar nicht bewusst, dass er sein und unser Leben für die Fotos riskierte.

Wir hatten wahrscheinlich nur Glück, dass wir nicht plötzlich einem Tiger oder Leoparden gegenüberstanden, obwohl wir ihrer Fährte folgten und abends mutig zu den Wasserlöchern stiefelten, wo sie eigentlich hätten sein sollen. Mir kam damals eigenartigerweise nie der Gedanke, dass es gefährlich sein könnte, durch einen Wildpark zu trecken. Damals las ich noch keine indischen Zeitungen und wusste nicht, dass jährlich mehrere hundert Menschen, vor allem Kinder, Leoparden, Tigern und Elefanten zum Opfer fallen.

Ich frage mich manchmal, wie wir wohl in Europa reagierten, wenn jedes Jahr Hunderte von Menschen von wilden Tieren angegriffen und getötet würden. Würden wir sie alle erschießen bzw. in Zoos sperren? Oder nach Indien verschicken, wo lebensbedrohliche Gefahren ohnehin an jeder Ecke lauern und das Sterben noch zum Leben gehört? Wo aber auch jederzeit Wunder für möglich gehalten werden und wirklich vorkommen. Oder wie sollte man es sonst nennen, wenn mehrere Monate lang ein Leopard nachts eine Kuh besucht, die beiden miteinander spielen und die Kuh dem Leoparden in aller Freundschaft den Kopf leckt? Das passierte tatsächlich im Dorf Antoli in Westindien. Zeitungen brachten im Mai 2003 ein Foto, das zeigt, wie sich Kuh und Leopard aneinander kuscheln. Ganz offenbar mochten sich die beiden. Wie es dazu kam, wird ein Geheimnis bleiben. Eines ihrer heimlichen Rendezvous wurde mit einer im Haus des Bauern versteckten Kamera gefilmt und im Fernsehen gezeigt.

Jürgen und ich hatten schließlich alle größeren Tierschutzreservate in Kerala und im angrenzenden Tamil Nadu abgeklappert, selbst das über 2000 Meter hoch gelegene Grasland von Eravikulam, wo der Nilgiris-Tahr, eine Halbziege, heimisch ist. Ich beobachtete die Tahrs auf den Bergspitzen durch das starke Zoom der Kamera und wäre gerne ohne Gepäck frei über die Berge gezogen. Ob Babadschi frei über die Berge wandert? Er kam mir öfter in den Sinn, doch ich muss zugeben, dass ich nicht regelmäßig nach der Anweisung von Sidoji meditierte.

Einmal jedoch erschien mir Babadschi im Traum, und als ich langsam in den Wachzustand glitt, hatte ich ein Gefühl, wie man es wohl im siebten Himmel hat.

Am Ende unseres Aufenthalts in Kerala schlug Jürgen vor, an die Südspitze Indiens zu fahren, wo man die Sonne über dem Meer sowohl auf- wie auch untergehen sieht. Sie ist ein Pilgerort für Inder. Vor dem Festland liegt eine winzig kleine Insel bzw. ein riesiger Felsbrocken. Im Dezember 1892 schwamm ein junger Mann dort hinüber, um mehrere Tage lang in aller Ruhe zu meditieren. Er befand sich auf Wanderschaft durch Indien und war ein Schüler des spirituellen Meisters Ramakrishna, der einige Jahre zuvor, 1886, in Kalkutta gestorben war. Der junge Mann hatte Feuer in sich. Er sah, dass seine Landsleute unter der englischen Kolonialherrschaft in einen Dämmerzustand verfallen waren, und

Ob sie ihre Freiheit und den Strandurlaub genießt, von dem Kühe im Westen nur träumen dürfen?

wollte sie aufwecken. Er wollte ihnen ihr Selbstbewusstsein zurückgeben und den Stolz auf ihre Tradition.

Es wurde ihm nach der Meditation klar, dass er an dem Weltkongress der Religionen in Chicago im folgenden Jahr (1893) teilnehmen sollte, wozu ihn ein Maharadscha gedrängt hatte. Dort wollte er *Advaita Vedanta*, die höchste Blüte unter den verschiedenen indischen Philosophiesystemen präsentieren. *Advaita Vedanta* wird im letzten Teil (*anta* = Ende) der Veden (*Ved* = Wissen), den ältesten Schriften der Menschheit, erklärt: Die vielfältigen Erscheinungen in der Welt seien eine Sinnestäuschung und im Grunde sei alles eine Einheit (*a-dwaita* = nicht zwei) – eine Erkenntnis, zu der inzwischen auch die Quantenphysik vorgedrungen ist und die unser bisheriges mechanistisches Weltbild radikal in Frage stellt.

Er setzte seine Absicht um, und sein Auftritt war ein voller Erfolg. Er saß auf dem Podium und sollte gleich eine Rede halten. Er stand auf, ein junger Mann von 30 Jahren, vom Maharadscha mit einem Seidengewand und Turban ausstaffiert, und fing an: »Liebe Schwestern und Brüder von Amerika.« Er konnte nicht weitersprechen. Tosender Beifall brandete auf, minutenlang. Was war geschehen? Ein Kommentator erklärte es damals so: Er war der Einzige, der *meinte*, was er sagte.

Dieser junge Mann wurde als Swami Vivekananda weltberühmt. Er hat viel zur Renaissance der indischen Weisheit in Indien und im Westen beigetragen. Sein Foto sieht man heute in vielen Häusern in Indien hängen: die Arme verschränkt, ein stolzer, kühner Blick aus großen, dunklen Augen unter einem Turban.

Jürgen und ich mussten nicht schwimmen, sondern setzten mit einer Fähre über, die voll gepackt mit Pilgern war. Die kleine Insel ist jetzt eine Gedenkstätte für Swami Vivekananda. An einem Büchertisch kaufte ich mir »Jnana-Yoga«,

Die Vivekananda-Gedenkstätte in Kanya Kumari an der Südspitze Indiens. Die Anlage wirkt äußerst gepflegt.

was übersetzt »Yoga der Weisheit« bedeutet, und »Radscha-Yoga«, den »königlichen Yoga«. Es handelte sich um gesammelte Vorträge, die Swami Vivekananda damals in Amerika gehalten hatte. Ich wusste noch nichts über sein Leben, doch die Bücher waren extrem billig und es konnte sicher nicht schaden, mich in Indien mit indischem Gedankengut zu beschäftigen.

Ich vertiefte mich zuerst in »Jnana-Yoga«, den Yoga der Weisheit, und war begeistert. Was Swami Vivekananda sagte, sprach mir aus der Seele. Zum Beispiel stellt er die Realität der Welt, die wir durch die Sinne wahrnehmen, in Frage. Als Kind hatte ich oft sehr intensive Träume gehabt und mich im Wachzustand manchmal gefragt, ob ich nicht jetzt vielleicht auch träumte. Wie sollte ich es wissen? Ich konnte es nicht wissen. Und nun behauptete Vivekananda, dass die so genannte Wirklichkeit ebenfalls eine Art Traum ist. Sie hat keine Realität an sich. Sie ist eine Sinnestäuschung, ähnlich wie jemand in der Dämmerung eine Schlange sieht, obwohl in Wahrheit nur ein Seil daliegt.

Wirklich wahr, behauptete er, ist unser innerstes Wesen, das alles durchdringt, alle Erscheinungen hervorzaubert und ohne Grenzen ist. Unendlich. Unvorstellbar, denn es lässt sich nicht hervorholen und anschauen. Es ist kein Objekt. Es lässt sich jedoch *sein*, bzw. wir *sind* es schon. Alles ist diese Einheit.

Swami Vivekananda sagte seinen amerikanischen Zuhörern auch klipp und klar, was er von der westlichen Gesellschaft hielt. Er hielt sie für verlogen: »Was habt ihr von eurem angeberischen Gerede über eure Gesellschaft, wenn die Wahrheit keinen Platz in ihr hat?«, fragte er zum Beispiel. »Was ihr Fortschritt nennt, ist meiner Ansicht nach nichts weiter als die Vervielfachung von Wünschen. Und wenn mir etwas klar ist, dann das: Wünsche bringen Elend«, lautete seine Analyse.

Er hielt auch nicht viel von Religion. Er gestand zu, dass sie Leuten helfen kann, die schwach sind, doch fragte er zum Beispiel auch: »Sind nicht alle vorherrschenden religiösen Praktiken schwächend und deshalb falsch?« Er betrachtete Religionen als Kindergarten. Folgerichtig sah er es als sinnvoll an, in einer Religion geboren zu werden, aber riet, nicht in ihr zu sterben. Er wünschte sich starke Menschen, die im Geist den Geist verehren. Sein Ideal drückte er in wenigen Worten aus: die Menschheit ihre Göttlichkeit zu lehren und zu zeigen, wie diese Göttlichkeit in allen Bewegungen des Lebens manifestiert werden kann.

Swami Vivekananda gefiel mir. Welch kühne Gedankenflüge und Klarheit! Welch ungeheure Kraft und Energie! Er baute die Ramakrishna-Mission auf, die im ganzen Land Krankenhäuser, Schulen, Buchläden und Aschrams betreibt. Sie ist auch heute quicklebendig und wird es sicher noch lange bleiben.

Vivekanandas Gesundheit hatte auf seinen frühen Wanderschaften durch Indien gelitten. Er starb 1902 mit nur 39 Jahren, keine zehn Jahre nach seinem Triumph von Chicago.

Ich fand auch das zweite Buch, »Radscha-Yoga«, den königlichen Yoga gut, doch es entmutigte mich etwas. Vivekananda stellte zu viele Forderungen. »Wer ein Yogi sein will, muss immer hart üben, wenn möglich allein leben, nicht viel sprechen, auf sein Essen achten, sich voll auf das Ziel konzentrieren …« Ich wäre gerne ein Yogi geworden, aber das verbaute er mir mit seinen Forderungen. Ich hätte mein ganzes Leben umkrempeln müssen, was mir unmöglich schien.

Doch die Bücher säten einen Samen. Vivekananda führte mich in die indische Weisheit ein und dafür bin ich ihm dankbar. Mit der Zeit wurde mir immer klarer, dass ich mein Leben dieser Weisheit entsprechend leben will. Und bald schon trafen Umstände ein und es begegneten mir Menschen, die mir dabei halfen – ohne drastische Umkrempelung meines Lebens.

Begegnung mit einem 300 Jahre alten Sadhu

JÜRGEN UND ICH FLOGEN VON KERALA NACH DELHI. Es war ein heißer April. Jürgen bereitete seine Rückreise nach Deutschland vor, und ich wollte noch in den Norden und einen Blick auf den ewigen Schnee im Himalaja werfen.

»Fahr nach Haridwar am Ganges. Dort findet gerade ein riesengroßes Fest statt«, schlug mir Rajesh Bedi, ein Fotograf, vor, den wir bei seiner Großfamilie in einem Vorort Delhis besuchten und der sich, ebenso wie sein Bruder Naresh, bereits einen Namen in Wildlife-Fotografie und Dokumentarfilmen gemacht hatte. »Haridwar liegt nur fünf Stunden von Delhi entfernt und von dort aus kannst du hoch in den Himalaja.«

Haridwar (auch Hardwar genannt) ist einer der besonders heiligen Orte in Indien. Es wird dort kein Fleisch verkauft, fast jedes zweite Haus ist ein Tempel und es wimmelt nur so von Asketen, *Sadhus* (Wandermönchen) und Pilgern. Übersetzt heißt Haridwar »Tor zu Gott«, und es ist der Ausgangspunkt für die beliebten Pilgerreisen zu den über 3000 Meter hoch im Himalaja gelegenen Tempeln in Badrinath, Kedarnath, Gangotri und Yamunotri.

Rajesh erwähnte das alles nicht. Er kannte Haridwar, die Umstände dort waren ihm vertraut. Er erwähnte auch nicht, dass es sich bei dem riesengroßen Fest um ein religiöses Fest handelte. Auch das war für ihn selbstverständlich, denn in Indien sind fast alle Feste religiöser Natur, und er hielt es nicht für nötig, mich über Selbstverständlichkeiten aufzu-

Ein gewichtiger Verkehrsteilnehmer im Straßenbild von Haridwar, dem jeder freiwillig aus dem Weg geht

An den Hauptfesttagen zogen massenweise Besucher zu Devaraha Baba, der 300 Jahre alt gewesen sein soll.

klären. Er schickte mich ins spirituelle Indien, das sich seinem Wesen nach sehr von westlichen Ländern unterscheidet und in dem er trotz seines beruflichen Erfolgs, trotz seiner Jugend und trotz einer gewissen westlichen Orientierung immer noch verwurzelt war.

Doch ich wusste das alles nicht. Ich wusste auch nicht, dass in Haridwar eine lange innere und äußere Pilgerreise zu mir selbst beginnen würde, die mich über 25 Jahre lang und vielleicht sogar bis zum Tod in Indien halten sollte. Sein Rat zum Abschied verblüffte mich deshalb ehrlich: »Vergiss Gott nicht«, sagte er beim westlichen Händeschütteln – ganz so, als ob es Gott erwiesenermaßen gäbe. Es klang natürlich und ungekünstelt. Warum wohl normale, keineswegs fromm wirkende Inder so frei über Gott reden und so selbstverständlich an ihn glauben?

Ich fuhr nach Haridwar. Der Bus kämpfte sich auf der staubigen Landstraße in Richtung Norden. Trotz des Durchzugs war es stickig heiß und die Kleidung klebte an den Plastiksitzen. Kurz vor unserem Ziel wurde der Bus an den Straßenrand gewunken. Uniformierte stiegen ein. Sie wollten Impfpässe gegen Cholera sehen. Ich hatte keinen und Gott sei Dank bestand niemand darauf, mir eine Spritze zu verpassen. »Es handelt sich um eine Vorsorgemaßnahme, denn es werden Millionen Pilger erwartet«, klärte mich einer der Beamten auf. Mir dämmerte, dass ich wirklich zu einem riesengroßen Fest unterwegs war. Es war die »halbe« (*ardha*) *Kumbh Mela*, die zur Halbzeit zwischen der alle zwölf Jahre stattfindenden »vollen« (*purna*) *Kumbh Mela* gefeiert wird. Laut »Guinnessbuch der Rekorde« ist die volle *Kumbh Mela* das größte religiöse Fest der Erde, doch auch die halbe *Kumbh Mela*, sechs Jahre nach der vollen, zieht enorme Pilgerscharen an.

In Haridwar fuhr ich mit einer Rikscha von Hotel zu Hotel. Alle Unterkünfte waren voll. Schließlich fand ich im Touristenbungalow einen Platz, allerdings mit der Auflage, an den Hauptfesttagen auf dem Dach zu kampieren, da alle Zimmer vorgebucht waren. Erst später merkte ich, dass ich an einem der besten Plätze Haridwars gelandet war: Vor dem Gebäude jagt der kanalisierte Teil des Ganges mit beängstigender Geschwindigkeit vorbei, hinter dem Haus gewöhnt sich der restliche Ganges nach der aufregenden Reise durch die tiefen Schluchten des Himalaja an die Ebene und fließt gemächlich und breit vor sich hin. Es gab sogar einen Garten für die nachmittägliche Teerunde und einen liebenswürdigen alten Gärtner, der mir fast jeden Tag Blumen in die Hand drückte. »Biete sie Ganga-dschi an«, sagte er, und ich warf sie gehorsam ins heilige Wasser.

Es wohnten auch einige Ausländer dort. Sie waren alle auf der spirituellen Suche und warteten auf ihren Guru – eine Frau, die bald ankommen sollte. Anandamayi Ma hieß sie. Sie war schon alt, über 80, und ein Amerikaner versicherte mir, dass Gott durch ihre Person klar hindurchschiene.

Ich nahm mir vor zu klären, was unter Gott zu verstehen sei, denn dieser Begriff begegnete mir hier in wenigen Tagen häufiger als in Deutschland in zehn Jahren. Aber wie sollte ich mir über Gott klar werden? Ich verschob das Nachdenken. Es war ohnehin zu heiß dazu.

Ein paar Tage später begegnete ich dann einem eindrucksvollen Mann: Ich saß am Ganges und sah auf der anderen Seite des breiten Flussbettes eine Pfahlhütte mitten im Ufersand, Latten grenzten den Platz ab. Der Amerikaner vom Touristenbungalow watete von dort durch den Ganges auf mich zu. »Hast du Lust, einen außergewöhnlichen Mann zu sehen? Dann helfe ich dir, den Ganges zu durchqueren.« Er machte mich neugierig. »Dort drüben in der Pfahlhütte lebt derzeit Devaraha Baba, ein uralter Mann, über 300 Jahre alt soll er sein und erleuchtet. Er ist einer von denen, die wissen, worum es im Leben geht. Solchen Leuten zu begegnen, lohnt sich immer«, erklärte er mir.

Natürlich war ich interessiert und wir durchquerten zusammen den Ganges. Der hatte vom Ufer aus so friedlich ausgesehen, die Strömung war jedoch überraschend stark und die Steine auf dem Grund glitschig. Ich war froh, dass mein Begleiter knappe 2,10 Meter groß war, mit seinem langen, blonden Haar wie ein Erzengel persönlich aussah und so tat, als ob es nichts zum Fürchten gäbe.

Devaraha Baba hatte uns offenbar zugeschaut, denn er schimpfte, als wir bei ihm ankamen. Es sei viel zu gefährlich, den Fluss zu durchqueren. Wir sollten die zwei Kilometer entfernte Brücke benutzen. Das übersetzte uns ein *Sadhu* (Wandermönch) mit einem haushohen Turm von verfilztem Haar auf dem Kopf.

Baba winkte uns näher heran und fragte mich, woher ich käme. Er nickte ein paar Mal wohlwollend mit dem Kopf. Dann nuschelte er ein Sanskrit-Mantra vor sich hin und forderte uns auf, es Zeile für Zeile nachzusprechen. Ich verstand

Devaraha Baba auf dem Balkon seiner Holzhütte, die direkt am Ufer des Ganges stand

außer »Krishna« kein Wort. Er wies den *Sadhu* an, uns Zuckerplätzchen zu geben, so viele, wie wir gerade noch in beiden Händen halten konnten. Mit Mühe verstauten wir sie in einem Tuch, auch die, die im Sand gelandet waren. Dann gab uns der Baba seinen Segen und schickte uns abrupt weg. Er wandte sich Leuten zu, die über die Brücke mit dem Auto gekommen waren und einen Korb voller Früchte zu ihm schleppten.

Wir ignorierten Babas Aufforderung, die Brücke zu benutzen, und durchquerten wieder mutig den Fluss. Zurück in meinem Zimmer im Touristenbungalow, fragte ich mich, ob Devaraha Baba wirklich erleuchtet sei und was es wohl bedeutete, erleuchtet zu sein. Ich wusste es nicht, doch ich spürte, dass ich Baba gern mochte. Mein Herz hüpfte richtig vor Freude bei dem Gedanken, dass ich ihn am kommenden Tag wiedersehen würde – fast so, als ob ich verliebt wäre, obwohl ich mir das nicht erklären konnte.

Von da an ging ich jeden Tag zu ihm. *Darshan* nennt man es in Indien, wenn sich ein Erleuchteter zeigt. Manchmal ging ich über die Brücke, manchmal begleitete mich der Amerikaner durch den Ganges und manchmal hielt ein Auto an, das zu Baba unterwegs war. Bei einer dieser Mitfahrgelegenheiten erzählte mir ein älterer Herr, dass ihn sein Großvater schon als kleinen Jungen mit zu Baba genommen und ihm versichert hätte, dass, als er selbst ein kleiner Junge gewesen war, Devaraha Baba schon wie ein uralter Mann ausgesehen habe.

Baba saß fast immer auf dem schmalen Holzbalkon, der von Pfählen gestützt wurde. Man sah nur seinen Kopf mit den zotteligen, langen Haaren und den vom Alter hellblau umrahmten Pupillen. Seine Arme ließ er über die Brüstung hängen und verteilte mit ihnen großzügig seinen Segen. Gelegentlich war er nicht zu sehen. Er hielt sich dann in dem kleinen Raum hinter dem Holzbalkon auf oder nahm im Ganges ein Bad, und wir alle, die zu seinem *Darshan* gekommen waren, saßen im heißen Sand, tauchten ab und zu Tücher ins Gangeswasser und legten sie uns zur Kühlung auf den Kopf. Manchmal warteten wir eine halbe Stunde lang ohne einen schattenspendenden Baum weit und breit. Die Inder sangen ruhig »Sita Ram, Sita Ram«. Hunderte, Tausende, wahrscheinlich sogar Millionen Male können sie das wiederholen, ohne müde zu werden.

Warum wir alle so brav warteten? Erklären konnte ich es mir nicht. Aber weggehen wollte ich auch nicht, obwohl sich, wenn es mir zu ungemütlich wurde, widerspenstige Gedanken regten. Ich fragte mich, warum ich eigentlich die Hitze, das Warten, den heißen Sand auf mich nahm, nur um einen alten Mann zu sehen, der mir, wenn ich Glück hatte, fünf Minuten lang seine Aufmerksamkeit schenkte. Ob den anderen auch solche Gedanken kamen? Keiner ging weg. Wenn dann plötzlich die Tür aufging und Baba auf der Veranda erschien,

Devaraha Baba, uralt, gütig und geistig voll wach

ging ein Raunen durch die Menge. Die Atmosphäre war von einem Moment zum anderen viel heller. Die Hitze und das Warten waren vergessen. Er strahlte Sicherheit und Stärke aus und vor allem auch Güte, wenn er in väterlichem und verständnisvollem Ton auf die Probleme seiner Anhänger einging oder sie wegwischte, je nachdem, was er für besser hielt.

Es bot sich ein eigenartiges Bild: Auf der einen Seite gab es gepflegte, oft recht wohlhabende Leute, die Frauen in Seide und mit Schmuck behängt, der Wagen mit Chauffeur in der Nähe geparkt. Und doch waren sie Bittsteller, die mit gefalteten Händen und barfuß im heißen Sand von einem Fuß auf den anderen trippelten und flehend zu Baba emporblickten. Sie hofften, dass sein Segen ihre Schwierigkeiten, die sie ihm erzählt hatten, aus der Welt räumen würde, und waren gleichzeitig voller Angst, dass sie vielleicht doch nicht bekämen, was sie wollten, oder dass er sie vor allen anderen kurz abfertigte.

Und auf der anderen Seite auf dem Balkon befand sich der uralte Baba, nackt, mit ungepflegten Haaren, aber frei – frei von Angst, frei von Wünschen, frei von der Welt und voller Selbstbewusstsein und Strahlkraft.

So unterschiedlich auch die Probleme seiner Besucher waren, sein Rat war im Prinzip immer der gleiche: »Vertrau auf Gott, denk an ihn, wiederhole seinen Namen, übergib ihm deine Sorgen, häng nicht an der Welt, an Familie und Wohlstand. Mach Gott zum Mittelpunkt in deinem Leben. Entwickle Liebe zu ihm und hab keine Angst, denn alles ist in seiner Hand. Versteh, dass dir die Welt nichts Lohnenswertes zu bieten hat. Finde heraus, wer du wirklich bist. Erkenne, dass Gott und du nicht voneinander zu trennen sind.« Und:

»Bleib immer bei der Wahrheit, sei rechtschaffen. Trag zum Wohl der Gesellschaft bei. Füg niemandem Leid zu und hilf, wo immer du kannst. Wenn du nämlich *Dharma*, den rechten Lebensweg ehrst, wird dich *Dharma* beschützen.« Und so weiter.

Seine Anhänger hatten das bestimmt schon x-mal gehört. Dennoch kamen sie bei jeder Gelegenheit wieder, um es aufs Neue zu hören. Dabei war Baba keineswegs der Einzige, der diese Ratschläge gab. Während des Festes hörte ich, wie diese Lebensweisheiten von den verschiedensten Plattformen meist über Lautsprecher an die Menge verteilt wurden. Diese Reden kamen mir oft wie Jahrmarktschreiereien vor. Es kam immer darauf an, wer diese Ratschläge erteilte. Ob der Betreffende sich darstellen oder einfach nur unser Bestes wollte. Ob er wusste, wovon er redete, wenn er über Wahrheit, Gottvertrauen, Keine-Wünsche- und Keine-Angst-Haben sprach, oder ob er es nicht wusste und selbst noch Wünsche und Ängste hatte, Gott doch nicht ganz traute und die Wahrheit nur vom Hörensagen kannte. Bei Baba war ich mir sicher, dass er zu denen gehörte, die wussten, wovon sie redeten. Ich konnte spüren, wie gut er es mit allen meinte, wie unverständlich er es fand, dass wir an unseren Problemen so schwer tragen, dass wir sie nicht einfach abschütteln und über sie lachen.

Eines Tages war Baba plötzlich nicht mehr da. Ich sah es von meinem Fenster aus schon vor dem Frühstück und wollte es nicht glauben. Seine *Sadhus* hatten die Pfahlhütte im Morgengrauen abgebrochen und waren mit ihm nach Varanasi (früher Benares) weitergezogen. Der Platz wirkte von da an leerer, als wenn dort nie eine Pfahlhütte gestanden hätte.

Gute zehn Jahre später, im Jahr 1991, stand ich in der Warteschlange in der Dininghall des Aurobindo-Aschrams in Pondicherry. Zu meinem Vordermann gesellte sich ein Freund, der auf Englisch zu erzählen anfing. Plötzlich war ich ganz Ohr. »Wirklich? Devaraha Baba ist gestorben?«, platzte ich in ihre Unterhaltung. Sie nickten. »Ja, Devaraha Baba hat seinen Körper verlassen.«

Vor meinem inneren Auge zogen Bilder vorbei. Ich sah ihn im grellen Sonnenlicht auf seinem Balkon sitzen, mit zotteligen, langen Haaren, den Arm zum Segnen erhoben und Mantras vor sich hinnuschelnd. Ich war ihm dankbar, dass er uns seine Gegenwart geschenkt hatte. Und persönlich war ich ihm für eine kleine Episode besonders dankbar:

Ich hatte Baba erzählt, dass ich gerne länger in Indien bleiben wollte – länger, als es das Touristenvisum mir erlaubte. Der *Sadhu* mit dem Turm von Haar auf dem Kopf übersetzte, dass Baba mir seinen Segen gäbe. Doch Baba war mit der Übersetzung anscheinend nicht einverstanden. Er sprach gestikulierend mit dem *Sadhu*. Der drehte sich daraufhin wieder zu mir und sagte: »Baba gibt dir seinen *speziellen* Segen.«

Ein paar Jahre später erhielt ich eine Aufenthaltsgenehmigung für Indien, die seither immer wieder verlängert wurde.

Frauenaugen, hinter denen niemand wohnt

Die Ausländer im Touristenbungalow waren alle hauptsächlich wegen Anandamayi Ma nach Haridwar gekommen. Sie betrachteten sie als ihren Guru.

»Sie kommt morgen früh!«, rief mir Manfred, ein Südtiroler, über den Balkon zu. »Komm mit zum Bahnhof, sie abholen.« Er brauchte mich nicht zu überreden. Ich war neugierig auf Ma, denn ich hatte in der »Autobiografie eines Yogis« von Yogananda ein Bild von ihr gesehen: Yogananda, Anandamayi Ma in der Mitte und ihr Mann, der viel älter aussah. Das Foto war in den dreißiger Jahren aufgenommen worden und es zeigte eine schöne, attraktive Frau. Fast 50 Jahre waren seither vergangen. Ich hatte nicht damit gerechnet, dass sie noch lebt und jeder, der will, sie sehen kann.

Wir fuhren in der Morgendämmerung mit Fahrrad-Rikschas zum Bahnhof. Auf den Straßen wimmelte es um diese Zeit bereits von Pilgern. Es waren arme Leute, die ihr Bündel auf dem Kopf oder über der Schulter trugen und zum Ganges unterwegs waren. Auch auf dem Bahnhof herrschte schon der für Indien so typische rege Betrieb: Überall saßen Gruppen von Reisenden zwischen ihrem Gepäck auf dem Boden, die Frauen in farbenprächtigen *Saris* und einige der Männer mit genauso farbenprächtigen Turbanen auf dem Kopf. Kinder liefen nackt herum, Mütter schrieen nach ihnen oder saßen still mit einem Baby an der Brust. Jungen boten *Tschai* (Tee) mit ihren geübten, schnarrenden Stimmen

Anandamayi Ma fiel als junge Frau oft in ekstatische Glückszustände. Für sie war Gott das Allerliebste.

an, Hunde streunten umher, *Sadhus* saßen in Meditationspose mit dem Ellbogen auf einer Holzstütze oder zogen an ihrer Tonpfeife, dem *Chillum*. Und mitten in diesem bunten Treiben lagen hier und dort in Tücher eingemummte Gestalten und schliefen einen seligen Schlaf.

Hier stand ich nun in aller Herrgottsfrühe und wartete auf Anandamayi Ma. Eine Gruppe von Indern fiel durch ihr gepflegtes Äußeres auf. Es waren Anhänger von Ma.

Dann schnaufte der Zug herein und kam quietschend zu einem Halt. Vier junge Männer in blütenweißen *Dhotis*, dem traditionellen »Beinkleid« der Nordinder aus dünnem, gestärktem Baumwollstoff, stiegen in das Erste-Klasse-Abteil und trugen Ma auf einem Stuhl, an dem Stangen befestigt waren, heraus. Sie wirkte zerbrechlich, war in weiße Tücher gehüllt und ihr immer noch schwarzes, geöltes Haar fiel in Strähnen auf ihre Schultern. Sie blickte uns an, offen und ruhig, und doch war es kein normales Anschauen, denn es zeigte sich keine Reaktion auf ihrem Gesicht, kein Lächeln des Wiedererkennens ihrer Anhänger, die sie zum Teil sicher schon jahrzehntelang kannte. Sie schaute einfach nur und ließ ihren Blick schweifen. Es war angenehm, aber ich hatte das eigenartige Gefühl, dass hinter diesen Augen niemand wohnt.

Meine Reaktion, als ich sie so vor mir sah, kam unerwartet: Mir liefen Tränen über die Wangen. »Das ist normal, wenn man von einer großen Seele berührt wird«, besänftigte mich jemand neben mir, der es bemerkt hatte. Ich hatte tatsächlich das Gefühl, dass ich von einer sehr reinen Seele berührt worden war.

Anandamayi Ma fuhr zu ihrem Aschram in Kankhal und wir folgten ihr in einem Taxi. Kankhal grenzt südlich an Haridwar an und ist idyllischer, stiller, gemächlicher. Es besteht hauptsächlich aus weitläufigen, von Mauern umgrenzten Aschrams. Der Aschram ist eine Besonderheit Indiens. Es ist ein Ort, wo geistige Übungen und Gebete den Tag ausfüllen. Wo manchmal den ganzen Tag und sogar die ganze Nacht lang in einer Ecke des Tempels Aschramiten, so heißen seine Bewohner, zusammensitzen und begleitet von einem Harmonium immer und immer wieder das gleiche Mantra singen. Selbst in der Mittagshitze hält mindestens ein Sänger durch, mit schläfriger Stimme zwar und weniger beschwingt als sonst: »Om namah Shivay, Om namah Shivay …«

Aschrams werden oft mit unseren Klöstern verglichen und sind insofern vergleichbar, als seine Bewohner und Besucher idealerweise nach Selbsterkenntnis bzw. Gotteserkenntnis (diese Begriffe sind in der indischen Philosophie austauschbar) streben. Doch sie unterscheiden sich in einem wesentlichen Punkt: Ein Aschram entsteht dank einer außergewöhnlichen Persönlichkeit, im Idealfall handelt es sich um einen Erleuchteten oder zumindest um jemanden, der spirituell über dem Durchschnitt liegt und dadurch auffällt, dass er keine Vorteile für sich sucht, sondern in sich ruht. Seine Gegenwart zieht Leute an, die einen Platz in seiner Nähe haben wollen. Denn jemand, der die Wahrheit kennt, ist eine unschätzbare Hilfe für jemanden, der sie erkennen will. So entsteht ein Aschram. Er bleibt meist auch bestehen, wenn der Betreffende stirbt und keinen Nachfolger designiert hat. Seine Grabstätte (*Samadhi* genannt) wird dann zu einem Ort der Verehrung, denn sie soll Kraft ausstrahlen. Anandamayi Mas *Samadhi* in Kankhal ist seit ihrem Tod am 27. August 1982 solch ein Ort.

Das Taxi hielt am Tor von Mas Aschram. Dort warteten schon die Blumenverkäufer mit ihren Girlanden aus Jasmin, Ringelblume oder gar aus ganzen Rosenblüten, die dicht aneinander gepresst in einem Netz steckten und wunderbar dufteten. Jeder betrat den Aschram mit Blumen oder Früchten, denn es ist Sitte, nicht mit leeren Händen zu einem Heiligen zu kommen.

Für Ma stand in der Mitte des Hofes ein Stuhl bereit. Die Gruppe um sie herum war nicht groß – etwa 30 Leute. Ma fragte einige, wie es ihren Familien ginge, ob alles in Ordnung sei und so weiter. Es waren banale Fragen, und doch lag etwas Ehrfürchtiges in der Luft.

Dann trat der Erste mit einer Blumengirlande in den Händen vor und kniete vor Ma nieder. Er legte ihr die Girlande zu Füßen und berührte mit seiner Stirn den Boden.

Zwei Frauen, die rechts und links vor Mas Stuhl kauerten, warfen ihm die Girlande über den Kopf. Dann stand er langsam mit gefalteten Händen wieder auf, seinen Blick auf Ma geheftet, vermutlich hoffend, dass sie ihn ansah, was nicht immer der Fall war. Einer nach dem anderen ging so zu ihr hin, auch meine ausländischen Freunde. Mir wurde klar, dass meine Blumengirlande auf ein ähnliches Schicksal wartete.

Ich fühlte mich unbehaglich. Bei Devaraha Baba hatte ich es immer vermieden, in die Knie zu gehen, obwohl das auch bei ihm gang und gäbe war. Bei meinem ersten Besuch dort legte sich der Amerikaner sogar flach in den Sand. Damals brauchte ich nicht zu überlegen. Es war für mich klar, das nicht nachzumachen. Doch hier bei Ma entschied ich mich, nicht aus der Reihe zu fallen und *Pranam* zu machen, wie in Indien das Sich-Verbeugen vor dem Göttlichen im Menschen heißt.

Ich trat vor, ging in die Knie, legte meine Blumengirlande Ma zu Füßen und berührte mit meiner Stirn den Boden. Als ich den Kopf wieder hob und meine Hände faltete, schaute Ma über mich hinweg. Ich ging enttäuscht zu den anderen zurück. »Als du nichts sehen konntest, hat Ma auf dich heruntergeschaut«, flüsterte mir netterweise jemand neben mir zu. Ich hatte es schon auf dem Bahnhof gemerkt, und hier im Hof ihres Aschrams merkte ich es wieder: Ihre Blicke sind anders. Sie rühren das Herz an und dehnen es aus. Und es schmerzt, wenn sie verweigert werden. Hauptsächlich wegen dieser flüchtigen Blicke und dem Gefühl, das sie auslösten, kam ich von da an jeden Abend mit der Rikscha nach Kankhal.

Ich hielt es für möglich, dass Ma erleuchtet ist, obwohl ich immer noch nicht wusste, was das bedeutet. Melita Maschmann, eine Journalistin, die unter anderem das Buch »Anandamayi Ma – eine ganz gewöhnliche Heilige« schrieb, bereits seit 1963 in Indien lebte und auf dem Hof die einzige andere Deutsche war, klärte mich auf:

»Ma sieht in allem nur den einen Gott, sieht überall nur ihr eigenes Selbst. Für sie gibt es keine anderen. Sie hat selbst gesagt, dass sie nur der Konvention halber einen Unterschied zwischen sich und uns macht. In Wirklichkeit sieht sie keinen Unterschied und gibt es keinen Unterschied.«

Der Unterschied zwischen einem Erleuchteten und uns Normalsterblichen ist also, dass er in dieser Einheit lebt, sie fühlt, in ihr zu Hause ist, und wir die Illusion, getrennte Personen zu sein, vorziehen, obwohl wir natürlich auch in dieser Einheit zu Hause sind. Wir sondern uns gerne von anderen ab, hängen an unserer »eigenen« Person, an unseren Gedanken, Gefühlen, Beziehungen, Erinnerungen, Hoffnungen, ja sogar an unseren Sorgen. Diese Illusion ist vertraut, jeder scheint sie zu teilen, wir sind bisher gut mit ihr gefahren – warum sollten wir sie aufgeben? Nur um der Wahrheit willen? Wenige sind dazu bereit, auch wenn glaubhaft gemacht wird, dass die Wahrheit der Himmel und die Illusion im Vergleich dazu die Hölle ist. Wir leiden völlig unnötigerweise an unserer imaginären Isolation, behaupten die Erleuchteten. Wir brauchen keine Angst vor der Wahrheit haben. Im Gegenteil – sie ist die Erfüllung, nach der wir uns unbewusst sehnen.

Ich versuchte mir vorzustellen, was Anandamayi Ma wahrnimmt, wenn sie vor uns sitzt und ruhig auf uns blickt. Sieht sie unsere Körper und auch den ihren wie vergängliche Wellen auf dem einen Ozean, mit dem sie sich in seiner unermesslichen Tiefe und Weite verschmolzen erlebt?

Begriffe wie Wahrheit und Gott, die ich in den letzten Jahren für nicht besonders relevant gehalten hatte und die kaum in meinem Wortschatz vorgekommen waren, klangen im indischen Umfeld aktuell, wichtig, selbstverständlich.

»Das Leben ist dazu da, die Wahrheit zu erkennen. Das ist die erste Pflicht des Menschen. Alles andere ist zweitrangig«, betonte Anandamayi Ma und machte diesbezüglich keine

Abstriche. Es erschien mir logisch, vorausgesetzt, dass das, was wir derzeit wahrnehmen, erwiesenermaßen nicht die Wahrheit ist. Erklärt nicht auch die Wissenschaft inzwischen, dass die manifeste Vielfalt in diesem Universum Schein ist und dass in Wirklichkeit alles eine Einheit, ein Ganzes ist?

Ob dieses Eine Gott, Brahman, Allah oder wie auch immer genannt wird, ist den Indern egal. »Es gibt nur ein höchstes Wesen. Weise geben ihm verschiedene Namen« – das steht in ihren alten Schriften. Das ist sicher mit ein Grund, warum Hindus im Verhältnis zu Christen oder Muslimen toleranter und großzügiger sind, wenn es um andere Weltanschauungen geht. Ich bin noch keinem Hindu begegnet, der Jesus Christus nicht in hohen Ehren hielt. Aber ich bin noch keinem christlichen Missionar begegnet, der Krishna zum Beispiel, den die Hindus als Gott in Menschenform verehren, nicht in ein schlechtes Licht rückte, wenn nicht sogar zu einem Teufel erklärte.

Ma redete über Gott in einer Art, als ob er ganz selbstverständlich das Allerliebste sei, das wir auf der Welt haben. Sie sah, dass es so ist, und tat ihr Bestes, dass wir das auch sehen konnten. Wenn sie von Gelehrten befragt wurde, argumentierte sie hochphilosophisch und stellte nebenbei unter Beweis, dass sie, die nur zwei Jahre eine Dorfschule im damaligen Ostbengalen (heute Bangladesch) besucht hatte, mit den alten Schriften nicht nur vertraut war, sondern das, was diese zu vermitteln versuchen, aus direkter Erfahrung kannte. Die Gelehrten waren von ihr beeindruckt, viele suchten sie auf.

Auf der anderen Seite formulierte sie die Essenz des *Advaita Vedanta*, der »höchsten Weisheit«, einfach und für jeden verständlich:

»Hinter all den unterschiedlichen, sich ständig verändernden Namen und Formen in diesem Universum verbirgt

Anandamayi Ma gegen Ende ihres Lebens

sich nur Eines – Gott oder wie immer du es nennen magst. *Das* allein ist ewig, immer gleich. Dieser Gott spielt sozusagen mit sich selbst. Alle Erscheinungen sind in ihm enthalten, wie in einem Spiegel. Er ist das Ich von unserem Ich. Das Leben ist dazu da, das zu erkennen, unser wahres Wesen zu erkennen und die falsche Identifizierung mit unserer Person aufzugeben.«

Ihre Worte hatten eine große Überzeugungskraft, vermutlich, weil sie echt war und nur das sagte, von dem sie definitiv wusste, dass es stimmt.

Als ihre Mutter starb und im Aschram aufgebahrt lag, war Ma fröhlich und lachte ihr herzliches Lachen wie immer. Ihre Anhänger fanden das nicht ganz passend. Ma reagierte überrascht: »Wieso? Es ist doch nichts passiert!« Für sie war Sterben so ähnlich wie Kleider wechseln. Wer würde einem alten Gewand nachtrauern, wenn das Selbst weiterhin frisch und lebendig ist?

Im Mai, als die Hitze in Haridwar auf über 40 Grad Celsius stieg, zog Ma nach Dehradun am Fuß des Himalajas weiter. Dehradun liegt rund 800 Meter hoch und die Temperatur ist um einige Grad niedriger. Die Stadt sollte im Lauf der folgenden Jahre der Ort in Indien werden, an dem ich mich am meisten zu Hause fühle.

Ein Ehepaar hatte auf ihrem großflächigen Grundstück außerhalb der Stadt an der Rajpur Road für Ma einen kleinen Bungalow gebaut. Ma gab dort gegen Sonnenuntergang *Darshan*. Sie saß mit unterkreuzten Beinen auf einem Bettgestell auf ihrer Veranda, hinter ihr die Silhouette der Vorberge des Himalaja gegen den Abendhimmel, der sich in immer neuen Farbnuancen präsentierte. Die Atmosphäre hatte eine Erhabenheit und Reinheit.

Während wir auf Ma warteten, sangen wir religiöse Lieder, deren Repertoire sich wohl nie erschöpft. Einmal saß ein etwa zehnjähriges Mädchen neben mir. Sie sang aus voller Kehle mit, traf aber jeden Ton knapp daneben. Auch mit dem Rhythmus beim Händeklatschen haperte es. Als ich sie so singen hörte und neben mir spürte, wurde sie mir lieber und lieber. Mein Herz strömte über und hüllte sie ein.

Plötzlich ging die Tür zur Veranda auf und heraus kam, von zwei Frauen gestützt, Anandamayi Ma. Noch bevor sie ihren Platz erreicht hatte, blieb sie kurz stehen, drehte sich halb um und schaute wie irritiert in meine Richtung. Als sie schließlich saß, fiel ihr Blick lange und unverwandt auf mich, so lange, dass sich die drei Frauen hinter mir danach Bemerkungen darüber zuflüsterten. Doch diesmal hatte der Blick von Ma mich nicht getroffen. Es schien kein Zentrum da gewesen zu sein, das getroffen werden konnte. Ich schaute einfach nur zurück.

Wahrscheinlich hatte die Liebe, die ich spürte, Mas Blick angezogen, und wahrscheinlich nahm sie uns überhaupt nicht als einzelne Personen wahr. Schließlich sagte sie, dass es ein Fehler sei, wenn wir uns von anderen als getrennt erlebten. Denn wir seien in Wahrheit nicht voneinander getrennt. Aber im Grunde wünschten wir uns wohl alle, so wie wir da beim täglichen *Darshan* auf der Veranda saßen, dass sie uns *persönlich* schätzte, ja dass sie uns persönlich etwas mehr schätzte als andere.

Doch Ma tat einem diesen Gefallen nicht. Sie war nicht konstant in ihrer Zuwendung, ähnlich wie auch Devaraha Baba nicht konstant gewesen war und sich plötzlich jemand anderem zuwenden und einen sehr abrupt im Sand stehen lassen konnte. Ein echter Guru sieht, auch wenn der Schüler das nicht vermag, dass das Ego der Übeltäter ist, der einem das Leben schwer macht. Er hat folglich kein Interesse, dem Ego zu schmeicheln und es zu stärken – im Gegenteil.

»Das Zusammensein mit Erleuchteten besteht darin, dass das Ego Schläge bekommt«, sagte Anandamayi Ma. Mein Ego spürte manchmal Schläge, zum Beispiel, wenn sie mich lange genug übersah, und reagierte mit düsteren Gedanken. Es wollte weg. Andererseits zog es mich zu ihr hin, denn ich lernte bei ihr wie nebenbei eine neue Lebensweise, zum Beispiel zu vertrauen, dass alles so richtig ist, wie es ist.

»Vertrau auf Gott. Er wird sich garantiert um dich und alle deine Angelegenheiten kümmern, wenn du dich ihm wirklich voll anvertraust und deine ganze Energie der Selbsterkenntnis widmest. Du kannst dich dann völlig leicht und frei fühlen.« Das behauptete Ma, und es klang überzeugend. Sie meinte mit Gott die formlose Essenz in allem. Doch diese Essenz ist nichts Abstraktes oder Kaltes. Sie ist Liebe und lässt sich als liebendes Gegenüber erfahren. So sagte sie zum Beispiel auch: »Du bist immer in seiner liebenden Umarmung.«

Zweifellos musste in mir etwas viel Größeres und Intelligenteres sein als die Maria, die ich kenne. Ich als Maria könnte ja nicht einmal meine Leber funktionstüchtig halten, geschweige denn die Millionen von Zellen in meinem Körper koordinieren. Und mir leuchtete auch ein, dass dieses viel Größere der Ursprung von Liebe ist, denn woher sonst sollte Liebe kommen. Ma richtete meine Aufmerksamkeit immer wieder auf diesen großen Geist in mir, in dem ich mich geborgen fühlen konnte.

In Indien war es leicht, ihre Sichtweise ernst zu nehmen. Ich machte mir erstaunlich wenig Sorgen um meine Zukunft. Vielleicht lag es an der Atmosphäre im Land, wo die wenigsten materielle Sicherheit haben. Versicherungsgesellschaften hatten Indien in den achtziger Jahren noch nicht als Markt ins Visier genommen, was sie in der Zwischenzeit nachgeholt haben. »Vertrau auf Gott und lass ihn walten, er wird dich wunderbar erhalten«, war mein Leitmotiv, wie das so vieler anderer. Und im Nachhinein betrachtet, lag ich damit vollkommen richtig.

Dennoch wollte ich mir einmal über meine Optionen klar werden. Da stand ich, ganz allein mitten in Indien, mit nicht allzu viel Geld in der Tasche, das immer weniger wurde, und wusste nicht, wie ich mein Leben weiterleben sollte. Innerlich hatte sich viel geklärt: Meine wahre Essenz musste der Mittelpunkt in meinem Leben werden. Und was meine äußeren Lebensumstände betraf, so wollte ich gerne noch länger in Indien bleiben. Dazu brauchte ich aber ein Visum und ein Einkommen.

Eine Idee kristallisierte sich bald heraus: über die indische Sichtweise vom Leben zu schreiben. Nicht jeder hat genügend Zeit, sich damit zu befassen, und ich hielt diese Sichtweise nicht nur für höchste Philosophie, sondern auch praktisch für sehr hilfreich. Ein paar Monate später schrieb ich dann tatsächlich einen ersten Artikel und schickte ihn an eine deutsche Zeitschrift.

Ich hatte es kaum zu hoffen gewagt – der Bericht wurde gedruckt.

»*Um Gottes willen*« *im Himalaja*

Auch in Indien verlor ich oft den Draht zu meinem inneren Selbst und das Vertrauen, dass mir nichts passieren kann. Ich nahm mir morgens beim Aufstehen vor, mir dessen den ganzen Tag lang bewusst zu sein, doch beim Zähneputzen hatte ich meinen Vorsatz schon vergessen. Das Bewusstsein, dass alles ein Ausdruck des Göttlichen ist, ist im Volk präsent, und so wurde ich in Indien häufig daran erinnert. Ich reiste viel durchs Land, und selbst auf Zug- und Busfahrten führte das Gespräch mit Mitreisenden im Nu in die Tiefe – darüber, was im Leben wichtig ist, dass das Göttliche uns alle gleichermaßen durchdringt und dass Jesus Christus einer der ganz großen Lehrer ist, der den Weg weist. Es geschah immer wieder, dass mir Inder aus der Bibel zitierten, weil sie davon ausgingen, dass ich Christin sei. Es waren Hindus, die auf christlichen Schulen mit der Bibel vertraut wurden, aber auf Konvertierungsversuche mit Unverständnis reagieren würden. Im Leben geht es darum, sich selbst zu erkennen, und nicht, sich zu einem Glaubenssystem zu bekennen, das ist ihre Ansicht. Der Hinduismus ist folglich auch die undogmatischste aller Religionen. Jeder darf sich da Hilfestellungen holen, wo er sie findet, und niemandem wird mit der ewigen Verdammnis gedroht. Vielmehr wird jedem, und dazu zählen auch Tiere, in Aussicht gestellt, die Wahrheit zu erkennen. Es mag länger dauern, vielleicht Tausende von Jahren – Inder denken in großen Zeiträumen –, doch die Befreiung ist garantiert. Es handelt sich im Grunde um eine

Befreiung von der *Illusion*, dass wir nicht frei sind, denn in Wahrheit sind wir jetzt frei – sind bereits das Meer und nicht die Welle, auch wenn wir schwören, dass wir nur eine kleine Welle sind, wo das doch jeder sehen kann. Eine Analyse darüber, was der Mensch wirklich ist, bleibt im Westen selbst unter Gelehrten zumeist an der Oberfläche.

Dank der Einführung durch meine Bekannten aus Haridwar bei Anandamayi Ma und Devaraha Baba traute ich mich auf meinen Reisen durchs Land nun auch zu anderen Heiligen. Ich fühlte mich im spirituellen Indien aufgehoben und angenommen. Ich suchte Eremiten wie auch bekannte spirituelle Lehrer auf, obwohl mir nicht wirklich klar war, was ich von ihnen wollte.

In Rishikesh, eine halbe Stunde flussaufwärts von Haridwar, hörte ich von einem Eremiten, der in den Wäldern auf der linken Gangesseite in einer Höhle lebte. Ich ließ mir den Weg beschreiben und machte mich auf. Der Pfad verlief sich im dichten Wald und mir wurde klar, dass ich den Eremiten wohl nie finden würde. Eine Affenhorde vergnügte sich in meiner Nähe, ich setzte mich auf einen Baumstamm und schaute ihnen zu. Plötzlich tauchte ein junger Mann auf. Die weißen Tücher, in die er gewickelt war, deuteten an, dass er ein *Brahmachari* war. Ein *Brahmachari* ist eine Art Novize in einem Aschram. Er will sich im *Brahman*, dem Höchsten, verankern und hat einige Regeln, zum Beispiel sexuelle Abstinenz, einzuhalten. Er ist jedoch noch kein *Sanyasi*. Ein *Sanyasi* hat der Welt voll entsagt und ist in orangefarbene Tücher gewickelt. Die Farbe soll andeuten, dass bereits alle seine Wünsche »verbrannt« sind.

Der junge Mann kam auf mich zu. Er lebte im Aschram von Maharishi Mahesh Yogi. Inzwischen macht dieser Aschram in Rishikesh einen verlassenen Eindruck, doch damals, Anfang der achtziger Jahre, war er noch voller Leben. Ich fragte den *Brahmachari*, ob er wüsste, wo der Eremit wohnt.

Ein Einsiedler namens Yogananda vor seiner Höhle auf über 3000 m Höhe in Gangotri

In der Höhle: Yogananda kochte hinter der Tür rechts im Bild Tee für seine Besucher.

Er wusste es und bot an, mich zu ihm zu führen. Wir wanderten in die bewaldeten Berge und standen schließlich vor einer Höhle. Der *Brahmachari* hatte keine Bedenken, laut zu rufen. Der Eremit kam heraus, lächelte und lud uns in die Höhle ein. Es war eine winzige Höhle, der *Brahmachari* blieb draußen. Ich saß schweigend bei dem Eremiten, denn ich wusste nicht, was ich ihn fragen oder ihm sagen wollte. Das Schweigen war mir nicht peinlich. Meine Überlegung lief nämlich so: Wenn der Betreffende erleuchtet ist, akzeptiert er mich, so wie ich bin, denn er sieht, dass sein Selbst im Grunde auch meins ist. Und wenn er nicht erleuchtet ist, ist es sein Problem, wenn ich ihm auf die Nerven gehe. Der Eremit gefiel mir und sein Lebensstil faszinierte mich. Ich hätte mir gewünscht, auch so leben zu können, und fragte ihn, wovon er lebte. Er zeigte mir eine Wasserquelle in der Nähe. Er wusste auch, was im Wald essbar war, und Einheimische brachten ihm gelegentlich Lebensmittel vorbei. Kochgeschirr hatte er. Es tat mir Leid, dass ich ihm nichts mitgebracht hatte. Tag und Nacht lebte er allein in dieser Höhle mitten im Wald auf den Ausläufern des Himalajas, wo es Schlangen, Leoparden und Elefanten gibt und nur gelegentlich ein Besucher wie ich aufkreuzt.

Auf dem Weg zurück fragte mich der junge *Brahmachari* aus heiterem Himmel: »May I enjoy your company?« Ich wunderte mich, denn er war doch schon die ganze Zeit über in meiner Gesellschaft. Doch er hatte offenbar andere Vorstellungen und deutete auf Büsche: »Dahinter wären wir ganz ungestört.« Es war ein leichter Schock für mich, und ich erinnerte ihn an sein Gelübde als *Brahmachari*. »Du hast bloß Vorurteile gegen Inder«, wurde er unfair. Offenbar hatte er, wie viele Inder, die Vorstellung, dass Frauen aus dem Westen »loose women« und leicht zu haben seien. »Eine Amerikanerin hatte nicht solche Vorurteile«, beschwerte er sich weiter. »Sie nahm einen Freund von mir, der ein *Brahma-*

chari im Shivananda-Aschram war, sogar mit nach Amerika.«

Amerika mag für so manchen Inder ein Traum sein, doch für mich war der Himalaja ein Traum. Ich wollte hoch zu den Tempeln auf über 3000 Meter Höhe, wie Hunderttausende Pilger alljährlich im Sommer auch – nach Badrinath, Kedarnath, Yamunotri und Gangotri. Im Lauf der Zeit besuchte ich diese Tempel mehrere Male und jedes Mal war es ein unvergessliches Erlebnis.

Indern erschien es ungewöhnlich, dass eine Frau allein unterwegs war. Einige Männer, meist Familienväter, übernahmen spontan eine Beschützerrolle – unaufdringlich und für mich sehr angenehm. Gerade von den einfachen Leuten ging viel Wärme aus, ohne dass viel geredet wurde.

Die Strapazen auf der Reise sind beträchtlich, doch im Vergleich zu früher gering, seit Busse bis fast zu den Tempeln fahren. Noch vor wenigen Jahrzehnten legten Jung und Alt die rund 400 Kilometer lange Route von Haridwar aus zu Fuß zurück – durch eine schwer zu begehende, aber majestätisch schöne Landschaft. Nachts drängten sie sich in einfachen, überdachten Unterkünften zusammen und hofften, von keinem Leoparden aufgespürt zu werden. Das kam nämlich gerade in der Gegend, durch die die Pilger zogen, öfter vor.

Heute ziehen nur noch die *Sadhus* mit einem Bündel über der Schulter oder auf dem Kopf und meist barfuß allein die Straße entlang und werden von hupenden, klapprigen, überfüllten Bussen und Jeeps überholt, die so lange fahren, wie die Straßen reichen bzw. bis ein Erdrutsch sie stoppt.

Viele Pilger können sich ihren Traum, zu den Höhen des ewigen Schnees, dorthin, wo Gott ganz besonders zu Hause sein soll, vorzudringen, erst sehr spät im Leben erfüllen – dann, wenn sie von ihrer Familie nicht mehr in Anspruch genommen werden. Es war beeindruckend, wie vom Alter gebückte, am Stock gehende zierliche Frauen im weißen *Sari* (ein Zeichen, dass sie Witwen sind) selbst angesichts eines drohenden Unwetters zwar langsam, aber mit bewundernswerter Ausdauer und Zielstrebigkeit sich Schritt für Schritt auf holprigen Wegen vortasteten.

Als ich das erste Mal nach Yamunotri, an den Ursprung des Flusses Yamuna, wanderte, holte ich mir in der Bezirksstadt Barkot im Voraus die Genehmigung, in Hanumanchatti, dem Ausgangsort für den 13 Kilometer langen Treck, im Forest Resthouse zu übernachten. Hanumanchatti ist ein winziges Dorf mitten im Himalaja und es war mir ein Rätsel, wo die Pilger, welche die Busse massenweise abluden, für die Nacht einen Platz fanden. Ich bekam auf das Schreiben hin ein Zimmer. Es war klein, aber ich hatte keinen Luxus erwartet. Das Forest Resthouse und alle anderen Unterkünfte quollen über vor Menschen. Jemand, der in mein Zimmer hereinschaute, bemerkte verwundert zu einem Freund: »Nur eine Person und so viel Platz!«

Es sprach sich anscheinend herum. Bald darauf meldete sich der Vater einer vielköpfigen Familie bei mir. »Meine zwei Töchter werden heute Nacht bei dir schlafen«, stellte er mich vor eine scheinbar vollendete Tatsache. Ich wehrte mich: »Es ist nur ein Bett im Zimmer und kein Platz.« Ich glaube nicht, dass er mich verstanden hat. Unser westliches Bedürfnis nach Privatsphäre können Inder nur schwer nachvollziehen. Wenn ich heute in eine ähnliche Situation käme, würde ich vermutlich die beiden Mädchen aufnehmen.

Am nächsten Morgen gab es Frühstück in einer der Teebuden, die jedes Gesundheitsamt im Westen mit sofortiger Wirkung schließen würde, und dann machte sich jeder auf den Weg. Die, die laufen konnten und wollten, zu Fuß. Andere, meist aus dem wohlgenährten Mittelstand, ließen sich in einer keineswegs sanften Sänfte von vier Männern tragen und wieder andere – Dünne oder Kinder – von einem einzigen Einheimischen huckepack im Osterhasenkorb. Viele setzten sich auf

Ein Einheimischer trägt eine Frau huckepack die 13 km lange steile Strecke nach Yamunotri auf 3500 m Höhe.

einen Maulesel. »Für Dicke kostet es zehn Rupien mehr«, stand angeschrieben. Und: »Dick ist, wer über 50 Kilo wiegt.«

Bei den Preisverhandlungen im Basar ging es lautstark zu. Unterwegs auf dem Pilgerpfad wurde es jedoch plötzlich still. Die majestätische Umgebung trug sicher ihren Teil zu dieser besinnlichen Stimmung bei.

»Sita Ram, Sita Ram«, murmelte eine rundliche, etwa 40-jährige Frau, die von vier kräftigen Männern an mir vorbeigetragen wurde, fast so, als ob sie die bequeme Transportweise mit besonders ausdauernder Wiederholung ihres Mantras kompensieren wollte. Auch diejenigen, welche auf Mauleseln saßen, hatten genügend Energie, ihr Mantra halblaut zu wiederholen oder gar mit kräftiger Stimme zu singen. Die Fußgänger beschränkten sich meist auf aufmunternde Zurufe. »Geh mit Liebe!«, rief mir zum Beispiel der Patriarch einer großen Sippe zu. Es war das erste Mal, dass mir jemand riet, mit Liebe zu gehen. Inzwischen habe ich es oft gehört. Mit Liebe gehen heißt, sich Gott bewusst sein.

Das Wandern in der Höhe war anstrengend, und schon nach zwei Kilometern lud die erste Teebude zur Rast ein. Ein alter Mann mit einem langen, weißen Bart schlotterte etwas abseits sitzend vor sich hin – sicher nicht vor Kälte, denn die Anstrengung hatte uns alle schon ins Schwitzen gebracht und die Sonne schien. Ich fragte ihn, ob er Tee möchte. Er antwortete nicht, nahm den Zwei-Rupien-Schein, den ich ihm anbot, aber bestellte sich keinen Tee.

Ich ging allein weiter. Der Pfad wand sich am Berghang über dem Fluss entlang und gab bei jeder Biegung eine neue, phantastische Sicht auf den unvergleichlichen Himalaja frei. Die Schneeriesen rückten allmählich näher. Näher rückten außerdem drohende schwarze Wolken, die – so die Einheimischen – ihre Last am späten Nachmittag abladen würden. Doch sie hielten sich nicht an den Zeitplan. Gegen 12 Uhr fing es plötzlich an, aus allen Kübeln zu schütten.

Der provisorische Tempel von Yamunotri. Eine Lawine hatte den ursprünglichen Tempel weggerissen.

Nur die ganz Schnellen und Superfrühaufsteher waren schon oben. Ich hatte noch ganze fünf Kilometer und einen Höhenunterschied von über 1000 Meter vor mir. Es gab keinen anderen Weg: Wenn ich je dort oben ankommen wollte, musste ich den Weg gehen – Schritt für Schritt. Mir war das nie so klar wie bei diesem mühseligen Stapfen im strömenden Regen, der weiter oben in Schneeregen überging. Der Boden verwandelte sich in einen schlammigen Brei und meine Füße in den Plastikschuhen wurden nass und eiskalt.

Nach drei Stunden kam ich schließlich oben an. In den heißen Quellen, die in Becken gestaut waren, tauten meine und die Zehen vieler anderer wieder auf. Dann war es Zeit, in den Tempel zu gehen.

Er war klein, heimelig und provisorisch, im Gegensatz zu den soliden, jahrhundertealten Bauten in Badrinath, Kedarnath oder Gangotri. Es sei ein Ersatz, wurde mir erklärt. Eine Lawine hatte den Tempel weggerissen und nur die Statue der Gottheit war gerettet worden.

Ich setzte mich in eine Ecke des Tempels und wurde angenehm überrascht: Der Fußboden war wegen der Quellen warm. Der Priester und die wenigen *Sadhus*, die sich hier ebenfalls häuslich niedergelassen hatten, brachten Verständnis für mein ausdauerndes Sitzen auf. Sie bezogen mich wie selbstverständlich in ihre häufigen Teerunden mit ein. Es herrschte eine lockere, herzliche Atmosphäre. In einer anderen Ecke des Tempels putzten einige *Sadhus* Gemüse für die nächste Mahlzeit.

Mein Platz im Tempel war ideal: zum einen ganz nah am Objekt der allgemeinen Verehrung, und zum anderen konnte ich gut die Pilger beobachten, die einer nach dem anderen erschienen, frisch gebadet und mit einem Tablett in den Händen, auf dem eine Kokosnuss und andere Opfergaben lagen. Die harte Schale der Kokosnuss steht für das Ego, die, wenn zerbrochen, die süße Kokosmilch (den Gott im Menschen) freisetzt. Es kamen alle möglichen Leute – einfache Menschen vom Land und junge Städter in Jeans.

Gegen Abend, als es bereits dunkel wurde, stand er plötzlich im Eingang: der alte Mann mit dem langen weißen Bart von der ersten Teebude. Er hatte es geschafft, doch er atmete kurz und heftig und zitterte nun noch mehr. In den Händen hielt er das Tablett mit der Kokosnuss. Langsam kam er näher, die Augen auf das Allerheiligste fixiert. Mit einer Hand fingerte er in seiner Hemdtasche und zog einen Zwei-Rupien-Schein hervor. Er legte ihn auf das Tablett und überreichte das Ganze dem Priester. Der Priester, ein sympathischer junger Mann mit einem kiloschweren, verfilzten Haarschopf, nahm sich diesmal besonders viel Zeit und gab ihm besonders viel *Prasad* (geweihte Gaben) zurück. Auch die *Sadhus* waren still und beobachteten, wie der Mann, immer noch am ganzen Körper zitternd, mit gefalteten Händen völlig absorbiert verfolgte, wie der Priester mit der rechten Hand eine Messingschale, auf der sich ein Stück Kampfer in einer Flamme verzehrte, langsam vor dem Allerheiligsten kreisen ließ und derweil mit der linken Hand gleichmäßig ein Glöckchen klingelte. Dieses Lichtkreisen wird *Arti* genannt und symbolisiert ein respektvolles Begrüßen des Göttlichen. Es bringt landauf, landab morgens und abends die Tempel zum Beben, denn neben dem Glöckchen werden oft auch Trommeln, Schellen und große Glocken geschlagen und dazu wird laut gesungen. Am Ende der *Arti* legte sich der alte Mann als Zeichen der völligen Hingabe flach auf den Boden und ging dann langsam rückwärts hinaus.

Es blieb eine Weile still im Tempel, bis ein *Sadhu* das Schweigen brach: »Was für eine Hingabe.« Und mitfühlend fügte er hinzu: »Wie anstrengend muss der Aufstieg für ihn gewesen sein.«

Tapas – dieses Wort fiel häufig auf der Pilgerreise. Es bedeutet: harte Umstände ohne zu klagen »um Gottes willen« im wahrsten Sinn des Wortes anzunehmen. An Gelegenheit

Der alte Mann bei der Rast an der ersten Teebude. Er schaffte den mühevollen Aufstieg, barfuß.

für *Tapas* mangelt es bei diesen Trecks nicht. Die folgende Nacht, die ich in einem düsteren, kleinen Vorratsraum auf 3500 Meter Höhe zubrachte, durfte ich sicher auch dazuzählen.

Manche fühlten sich überfordert. Ein wohlbeleibter, offenbar gut situierter Mann um Mitte 50 reagierte nicht gerade pilgerhaft, als ihn ein Huckepack-Träger nahe einer Teebude bat, Platz zu machen, damit er seine schwere Last absetzen könnte. Der Herr blieb mit unbeweglicher Miene auf dem erhöhten Podest sitzen. Der Einheimische, dem der Schweiß auf der Stirn stand, entledigte sich seines Korbes mit Hilfe anderer mühsam auf dem flachen Boden.

Einige Pilger sprachen den Herrn auf sein Verhalten an. Doch der reagierte scharf. Ein Umstehender brachte Verständnis für seine offensichtliche Überspanntheit auf. »Shanti, Shanti« (Frieden), vermittelte er. »Es ist vorbei. Lasst uns die Geschichte vergessen.«

Der Rückweg war leichter und schneller als der Aufstieg. Doch als ich in Hanumanchatti am Nachmittag ankam, war der letzte Bus schon weg. Es standen nur noch Privatbusse herum, die auf ihre Gruppen warteten. Ich fragte einen Fahrer, ob er mich bis nach Uttarkashi mitnähme. Er war einverstanden. Es dauerte eine Weile, bis seine Reisegruppe vollzählig eingetroffen war und der Bus starten konnte.

In der Dämmerung wurden wir in einem kleinen Ort von einem Polizisten aufgehalten. Ein lautstarkes Gerede ging zwischen dem Fahrer, hinter dem ich saß, und dem Polizisten hin und her. Schließlich wurden wir aufgefordert, auszusteigen. In der Dunkelheit war es für Busse verboten, auf den Bergstraßen zu fahren – zweifellos ein vernünftiges Verbot, aber hier in diesem Dorf würde es mit Sicherheit keine Herberge geben. So war es denn auch. Doch eine Lösung wurde gefunden. Wir waren insgesamt 13 Frauen im Bus, und uns wurde ein kleiner, kahler Raum zugewiesen, in dem wir die

Nacht verbringen sollten. Für die Männer gab es einen anderen Raum. Keine der Inderinnen murrte. Sie rollten ihre Decken im Zimmer aus und machten sich dann im Freien ans Kochen.

Mir wurde himmelangst vor der Nacht. Wir würden wie Sardinen gepackt daliegen. Doch glücklicherweise witterte ein junger Einheimischer eine Chance zum Geschäftemachen. Er fragte, ob ich sein Bett für 20 Rupien mieten wollte. Ich nahm das Angebot sofort an. Um das Bett herum war sogar ein kleiner Raum, und der junge Mann stieg zu einem Freund ins Bett, das auf einer hölzernen Veranda vor dem Zimmer stand. Meine Freude währte jedoch nicht lang. Die Bettdecke war verwanzt und Schlafen unmöglich. Ich beschwerte mich bei den beiden Männern. Die boten mir sofort ihre Zudecke an und nahmen im Austausch meine. Ich schlief tatsächlich ein und die beiden Männer anscheinend auch. Keiner gab sich am nächsten Morgen den Anschein, dass er schlecht geschlafen hätte.

Ich habe immer geglaubt, dass ich mit wenig Komfort auskäme und auch in schwierigen Umständen anpassungsfähig sei. Doch als ich sah, wie die Inderinnen mit der unerwarteten Unterbrechung im Reiseprogramm umgingen und wie fröhlich die beiden jungen Männer die verwanzte Zudecke in Empfang nahmen, kam ich mir fast zickig vor.

Babadschi, der schöne Jüngling

Ich wäre gerne Babadschi begegnet, dem großen Babadschi, der immer wieder im Himalaja auftauchen und sich einigen Schülern zeigen soll. Der seine Schüler nie im Stich lässt. Der sich beliebig überall manifestieren und sogar Tote erwecken kann, denn das hatte Yogananda in seiner Autobiografie über Babadschi behauptet. Und zu dem ich durch den Kriya-Yoga in Puna einen Draht bekommen hatte. Ich wünschte mir, dass es so jemanden wie Babadschi tatsächlich gäbe.

Bald hörte ich von einer Deutschen, dass Babadschi im Himalaja aufgetaucht sei, nicht als flüchtige Erscheinung, sondern als Mensch aus Fleisch und Blut. Er lebe in Haidakhan, einem kleinen Dorf, das mehrere Fußstunden von Haldwani entfernt liegt, und jeder könne ihn dort aufsuchen. Sie hatte sogar ein in Deutschland erschienenes Taschenbuch über ihn dabei. Das Foto auf dem Umschlag zeigte einen jungen Mann mit lockigem, schulterlangem Haar, ebenmäßigem Gesicht und sehr friedlicher Ausstrahlung. Das Foto faszinierte mich. Der Jüngling war wunderschön. Er wurde 1970 auf einen Traum hin von einem Dorfbewohner in einer Höhle gefunden und behauptete von sich, dass er der Babadschi von Yogananda sei, hieß es.

Doch bald kam mir auch anderes zu Ohren – es gab eine Gerichtsverhandlung in Lucknow, weil er den Aschram in Haidakhan besetzt hatte, hieß es. Er sei unheimlich dick geworden und sehe aufgeschwemmt aus, wusste jemand anders. Und der Besitzer einer Teebude vertraute mir an, dass er sich von den schönsten seiner Anhängerinnen in einer goldenen Badewanne in Milch baden ließe.

Ich machte mich dennoch eines Tages auf den Weg nach Haidakhan, fuhr mit dem Bus nach Haldwani, rund sieben Busstunden nordöstlich von Delhi, und quartierte mich für eine Nacht im Kailash View Hotel ein. Das Hotel war neben dem Geschäft »Hind Traders«, dessen Besitzer Muniraj nach Babadschis unerwartetem Tod zum Guru avancieren sollte, ein Anlaufpunkt für Leute, die zu Babadschi wollten.

Am nächsten Tag fuhr ich zusammen mit einigen Italienern in einem Lastwagen für den Holztransport das Bett des Gautam-Ganga-Flusses bis nach Haidakhan entlang. Das kilometerbreite, steinige Flussbett war überwiegend trocken mit nur einigen Flussläufen, die wir auf der holprigen Fahrt durchquerten. Der Holztransporter ersparte uns einen mehrstündigen Fußmarsch. Wir machten es uns auf der Ladefläche unter einer Plane so gut es ging bequem.

Ich bat darum, keinem falschen Guru auf den Leim zu gehen, denn trotz aller Zweifel wollte ich glauben, dass Babadschi der »echte« Babadschi ist. Nun war ich also auf dem Weg zu ihm. Der Lastwagen hielt. Wir waren da. Ich sprang von der Ladefläche und erschrak: Ich war direkt vor Babadschi gelandet, der gerade mit einer kleinen Gruppe Anhänger – einer hielt einen Sonnenschirm über ihn – im Flussbett spazieren ging. Er war tatsächlich ziemlich dick geworden und ähnelte dem wunderschönen Jüngling nur noch wenig. Doch sein Blick hatte Kraft.

Babadschi musste seine Erlaubnis geben, wenn man im Aschram wohnen wollte. Ich hatte bereits gehört, dass er seine Anhänger oft ohne jeden Grund mit einem vehementen »Go!« wegschickte und manche erst gar nicht im Aschram aufnahm. Ich fürchtete, postwendend zurückgeschickt zu werden. Doch er nickte ein gnädiges »Ja« auf meine Frage, ob ich bleiben könne.

Die Gegend war wunderbar, der Aschram lag mitten in der Natur, abseits vom Lärm der Städte und Dörfer. Die Gebäude des Aschrams liegen am Berghang über dem Flussbett, 108 Stufen führen zu ihnen hinauf. Doch ich merkte bald, dass das Leben dort hart war und das Essen schlecht. Es gab nur eine Mahlzeit am Tag. Abends wurde das, was mittags übrig geblieben war, kalt serviert – *wenn* etwas übrig geblieben war. Glücklicherweise gab es einige Teebuden in der näheren Umgebung, die von uns Ausländern frequentiert wurden.

Die wenigen Badezimmer durften nur von Kranken und Leuten über 60 benutzt werden. Ich musste also gegen 4 Uhr morgens zum Flussbett hinuntersteigen und mich in dem eiskalten Gebirgsfluss waschen bzw. nach Anweisung von Babadschi dreimal untertauchen, was ich jedoch nur selten tat. Wenn ich es jedoch tat, setzte zwar mein Herz fast aus, aber ich fühlte mich danach wahrlich neu belebt. Meistens balancierte ich jedoch morgens barfuß auf den kalten Steinen neben dem Fluss, um bei meinem Bad möglichst wenig nass zu werden, und holte das Untertauchen nachmittags nach. Was die Toilette anging, hieß die Anweisung: möglichst weit weg vom Fluss. Es war schon hell, wenn ich in die bewaldeten Hügel zog, in der Hand eine Blechdose mit Wasser, wie im ländlichen Indien üblich.

Es waren überwiegend Ausländer im Aschram, und es gab einige Aspekte, mit denen ich kämpfte. Fast alle – Frauen wie Männer – hatten einen geschorenen Kopf, die Frauen trugen *Saris*, die Männer *Dhotis*, und sie kamen mir vor wie Mitglieder eines Clubs, die sich gegenseitig darin bestärkten, dass sie zu Großem auserwählt waren. Die Italiener waren meist in Schwarz gekleidet. Babadschi hatte das angeblich empfohlen. Ein Schweizer und ein Amerikaner liefen nur mit einem Lendenschurz wie die Fischer in Südindien durch die Gegend.

Das Flussbett des Gautam Ganga, vom Haidakhan-Aschram aus gesehen. Die Buden werden im Monsun weggespült.

Wenn Babadschi in das Flussbett hinunterstieg oder in die Halle zur abendlichen Anbetung kam, wurde er von Getreuen begleitet, die seltsame Sprüche in Sanskrit laut ausriefen, zum Beispiel: »Heil dem großen Herrn« oder »Achtung, der große Herr kommt!« Es war ein riesengroßes Spektakel, ungewohnt, aber zweifellos mit dramatischem Effekt. Auch die *Arti*, das Lichtkreisen vor dem Allerheiligsten im Tempel, war die lauteste, die ich je in Indien erlebt hatte. Große und kleine Glocken wurden geschlagen, Muscheln geblasen, Schellen, Rasseln und alles, was Krach machte, kamen zum Einsatz. Babadschi saß vorne auf einer erhöhten Couch, und wir setzten uns alle – Männer und Frauen durch einen Gang getrennt – vor ihm auf den Boden und sangen nach der *Arti* lautstark eine Stunde lang zu flotter Trommelbegleitung eingängige Lieder, meist Lobpreisungen Shivas, aus einem Buch. Das Singen war eine Gelegenheit, sich abzureagieren, die uns Westlern sicher nicht schadete.

Babadschis kraftvolle Präsenz beeindruckte mich. Er hatte zweifellos Macht und Intensität und machte es sich relativ einfach: Er riet schlicht zu Wahrheit, Einfachheit und Liebe. Damit konnte er nicht falsch liegen. Und er legte größten Wert auf *Karma*-Yoga, den Yoga der Arbeit. Neben dem *Jnana*-Yoga, dem Yoga der Weisheit, und dem *Bhakti*-Yoga, dem Yoga der Hingabe, gehört er zu den drei wichtigsten Yoga-Arten, die Krishna in der »Bhagavadgita«, dem populärsten heiligen Buch der Inder, empfiehlt. Es geht um vollen Einsatz, jedoch ohne auf das Ziel zu schielen. Tu dein Bestes in allem, was du tust, und biete dein Tun Gott an, aber kümmere dich nicht um das Ergebnis, wird geraten. Es ist ein guter Rat, den selbst Managementschulen inzwischen aufgreifen. Die Maxime dahinter: Wenn man jetzt sein Bestes gibt, ist das Ergebnis automatisch so gut, wie es nur sein kann. Sich um das Ergebnis im Voraus zu sorgen, vermindert dagegen die Leistung in der Gegenwart.

Wir waren schätzungsweise 60 Leute im Aschram. Zwischen 9 und 12 Uhr am Vormittag und 3 und 5 Uhr am Nachmittag war *Karma*-Yoga angesagt. Drei Stunden waren eine lange Zeit, in der wir in der prallen Sonne im Flussbett zur Landgewinnung eine Mauer bauten. Wenn wir Durst hatten, ging jemand mit einem Eimer Flusswasser und einer Kelle durch die Reihen. Wir schichteten Steine übereinander. Einige der Männer suchten sich schwere Steine im Flussbett aus und schleppten sie, manchmal zu zweit, zur Mauer. Die meisten, zu denen auch ich gehörte, nahmen zwei leicht tragbare Steine und fügten sie dem Gemeinschaftswerk hinzu. Auch im Jahr zuvor war eine Mauer gebaut, aber im Monsun weggeschwemmt worden. Unserer Mauer blühte wahrscheinlich ein ähnliches Schicksal. Mit Blick auf das voraussichtliche Ergebnis taten wir von einigen Ausnahmen abgesehen nicht unser Bestes.

Manchmal schälten wir während der Arbeitszeit Erdnüsse, stundenlang, und meine Finger schmerzten. Ich hatte den Verdacht, dass von dem *Karma*-Yoga, von dem angeblich *wir* profitieren sollten, der Aschram profitierte, und es rebellierte in mir. Ich wartete beinahe auf ein »Go!« von Babadschi. Das »Go!« kam nicht, nicht einmal, als ich mich vor der Arbeit drückte und ihm auf den Treppen zum Aschram begegnete. Er schaute mich durchdringend an, sagte kein Wort und ging weiter.

Doch eines Tages sagte er mir, ich solle einen *Sari* tragen, und: »No Sari, you go!«

Mein Trotz gewann die Oberhand. »Ich gehe nach dem Mittagessen«, sagte ich einigen Bekannten im Schlafsaal, die mir einen *Sari* leihen wollten. »Sei nicht so dumm«, rieten sie. »Gib nach und zieh einen *Sari* an.«

Nach dem Mittagessen begegnete ich Babadschi zufällig in einer Teebude im Flussbett. Er saß da, umringt von einigen Anhängern. Ich fand es plötzlich schade, dass ich abreisen sollte. Die Stimmung war gut. Es gab nette Leute im Aschram, die Gegend war wunderschön. Und vielleicht ist Babadschi ja doch erleuchtet und ich profitiere von seiner Gegenwart, dachte ich mir.

»Babadschi, wenn ich einen *Sari* trage, kann ich dann bleiben?«, hörte ich mich plötzlich fragen. Er wiegte gnädig seinen Kopf. »Ja«, lächelte er. »*Sari* und Haare scheren.«

Das »Haare scheren« gab den Ausschlag. Ich nahm am selben Nachmittag einen Holztransporter in Richtung Haldwani.

Ich kam zu keinem Schluss, ob Babadschi echt war oder nicht, obwohl ich im Jahr darauf noch mal einige Zeit in Haidakhan verbrachte. Das Foto des wunderschönen, jungen Babadschi war zweifellos für mich und viele andere der Magnet gewesen, der uns zu ihm gezogen hatte. Wenn ich nur dieses Foto von ihm gesehen hätte und nicht ihn aus Fleisch und Blut tatsächlich vor mir, wäre es mir wohl leicht gefallen, ihn für echt zu halten, weil das Bild so viel Ruhe und Schönheit ausstrahlt. Dieses Foto zieht selbst heute noch Westler nach Haidakhan. 400 kamen zu einem Fest im April 2005, und selbst die »Times of India«, die größte englischsprachige Tageszeitung, fand das einen Bericht wert. Die meisten von ihnen haben Babadschi nie gesehen und fallen Muniraj, dem Besitzer des Geschäfts »Hind Traders«, zu Füßen, der die Guru-Rolle kurz nach Babadschis Tod übernahm.

Doch ich nehme Ereignisse vorweg. Babadschi war jung und niemand rechnete mit seinem Tod. Er war Anfang der achtziger Jahre erst um die 30. Unter seinen Anhängern gab es auch einige Prominente. Shammi Kapur, ein berühmter Bollywood-Filmschauspieler, war darunter, der sich in seiner vollen physischen und sonstigen Gewichtigkeit direkt vor Babadschi auf den Boden pflanzte, und Leonard Orr, ein bekannter Vertreter des Rebirthing.

Dann, am 14. Februar 1984, starb Babadschi völlig unerwartet in Haidakhan. Seine Schüler dachten, er mache einen Scherz und würde sich bald wieder lachend aufsetzen, erzählte mir später jemand, der dabei war. Babadschi setzte sich nicht mehr auf. Er war tot.

Warum Babadschi so überraschend starb, wird wohl nicht mehr ans Licht kommen. Es gab Gerüchte, dass er vergiftet worden sei. Doch hätte er, vorausgesetzt, er war ein großer Yogi, nicht erkennen können, dass ihn jemand beseitigen will? Dass Gift in seiner Speise ist?

Ich war im Juni 2005 nach über 20 Jahren wieder einmal in Haidakhan. Es waren nur eine Hand voll Ausländer da, die immer noch mehrstündigen Karma-Yoga leisteten, und auch die *Arti* ertönte morgens und abends, allerdings weniger lautstark als damals. Muniraj, der ein Geschäft und eine große Familie in Haldwani hat und sich früher darum kümmerte, dass wir Ausländer in Haidakhan heil ankamen, ist inzwischen für die Ausländer der unumstrittene Nachfolger

Babadschi (links) mit Muniraj kurz vor seinem Tod. Hauptsächlich Ausländer sammelten sich um ihn in Haidakhan.

von Babadschi. Viele glauben, dass Babadschi ihm seine Kraft übertragen hat. Ich ging in den Laden des Aschrams, wo Fotos verkauft werden. Seltsamerweise faszinierte mich das Foto von Babadschi, das mich damals so stark anzogen hatte, nun kaum mehr. Ich sah immer noch einen wunderschönen Jüngling, aber nichts sonst. Die Projektion, dass er womöglich der große, mächtige Yogi ist, war in der langen Zwischenzeit verschwunden. Im Aschram-Laden wurden nun auch Fotos von Muniraj verkauft, doch ich konnte in ihm beim besten Willen keinen Guru sehen.

Ein paar Jahre nach Babadschis Tod wäre Muniraj beinahe sein neugewonnener Guru-Status streitig gemacht worden: Ein schöner, etwa 16-jähriger Jüngling tauchte in Haidakhan auf und behauptete, Babadschi zu sein. Viele Einheimische in der Gegend glaubten ihm. Auch einige indische Anhänger von Babadschi schlugen sich auf die Seite des Jünglings. Muniraj und seine Helfer zweifelten ihn jedoch an. Sie setzten sich durch und verwehrten ihm den Zutritt zum Aschram in Haidakhan.

Als ich bei diesem letzten Besuch mit einem Jeep-Taxi, das Muniraj gehörte, über Stock und Stein zurück nach Haldwani fuhr, nahm ich im Dorf Haidakhan ein paar Anhalter mit. Sie waren überrascht, dass ich Hindi sprach, und es ergab sich eine angeregte Unterhaltung. »Wie ist die Beziehung zwischen den ausländischen Anhängern von Babadschi und euch im Dorf?«, fragte ich. »Die Ausländer haben große Hingabe und sind Babadschi und Muniraj treu ergeben«, antworteten sie zuerst. Wir brauchten fast drei Stunden für die 31 Kilometer auf der schmalen Straße hoch über dem Flussbett und machten auch eine Teepause. Später rückten sie dann deutlicher mit der Sprache heraus: »Die Dorfleute halten 80 Prozent der Ausländer für nicht ganz richtig im Kopf, denn sie nehmen alles viel zu ernst und bilden sich ein, alles besser zu wissen.«

Die große Familie des Dalai Lama

IM FRÜHJAHR 1985 KAM EIN BRIEF von Inka Jochum, die jahrelang das Gesundheitszentrum im Münchner Holiday Inn betreute. Wir hatten uns auf einer Konferenz über alte Weisheit und moderne Wissenschaft in Bombay kennen gelernt. Sie schrieb, dass sie bald zusammen mit ihrer Freundin Erika nach Dharamsala käme. Sie würden auch eine Audienz beim Dalai Lama haben. Ob ich Lust hätte, mitzukommen? »Herzlich gerne«, schrieb ich ihr zurück.

Ein paar Wochen zuvor hatte ich nämlich bei einer Konferenz mit Vertretern der Weltreligionen in Madras (heute Chennai) den Dalai Lama erlebt und seine starke Präsenz gespürt, als er zusammen mit einigen Mönchen direkt an mir vorbei zur Bühne entlangschritt. Mich überlief eine Gänsehaut.

Michael von Brück, Professor für Vergleichende Religionswissenschaften in München, der damals in Indien lebte, hatte außerdem eine Pressekonferenz mit dem Dalai Lama in seinem Haus in Madras organisiert. Ich mochte den Dalai Lama. Er wirkte natürlich, herzlich, ehrlich, offen und voller Lebensfreude. Ich war Inka dankbar für die Einladung und freute mich darauf, ihn wiederzusehen.

Wir verabredeten uns in ihrem Hotel in Delhi. Inka hatte ein Taxi bis nach Dharamsala gebucht. Die Fahrt dorthin dauerte den ganzen Tag. Es war ein Vorteil, anhalten zu können, wann immer man wollte. Meine Reisegefährten hatten einen unerschöpflichen Vorrat an Bonbons dabei, mit denen

Exil-Tibeter und solche, die aus Tibet anreisten, umrunden betend den Tempel in Bodh Gaya, wo Buddha erleuchtet wurde.

sie Kindern, die sich in Dörfern um unser Auto scharten, eine Freude machten.

Dharamsala liegt in den Vorbergen des Himalajas auf knapp 2000 Meter Höhe. Es wird Klein-Tibet genannt und zieht Touristen aus aller Welt an. Viele von ihnen wissen womöglich gar nicht mehr, warum eigentlich so viele Tibeter in Indien sind.

Es ist nämlich schon lange her – zwei bis drei Generationen von Tibetern wurden seither in Indien geboren –, dass damals, 1959, die Chinesen die Hauptstadt Lhasa und den Sommerpalast des Dalai Lama beschossen und brutal den Aufstand der Tibeter gegen die chinesische Besatzung unterdrückten. Der Dalai Lama hatte kurz zuvor bei Nacht und Nebel als einfacher Soldat verkleidet und ohne seine Brille auf der Nase den Palast verlassen und war mit einer kleinen Schar von Getreuen, darunter auch seine Mutter, seine

Schwester und sein jüngster Bruder, über verschneite Pässe in Richtung Indien geflohen. Er war damals erst 24 Jahre alt und krank, erschöpft und unglücklich, als er schließlich die Grenze zu Indien überschritt: »... viel unglücklicher, als ich es zu sagen vermag«, schrieb er in seiner Autobiografie, die er bald nach seiner Ankunft in Indien zu schreiben begann.

Doch schon im nächsten Satz fuhr er fort: »Niemand – auch ich nicht – konnte ganz und gar verzweifelt bleiben angesichts des Mitgefühls, das mir schon in den ersten Dörfern und Städten Indiens entgegengebracht wurde.«

Rund 100 000 seiner Landsleute folgten ihm damals nach Indien, meist unter dramatischen Umständen. Nur wenige Tausend zogen weiter in andere Länder. Die meisten blieben im »noblen Land«, wie sie Indien nennen, weil dort Buddha gelebt und gewirkt hat.

Das indische Volk war den Flüchtlingen gegenüber warmherzig und offen und die Regierung großzügig. Sie stellte Land in gemäßigten Klimazonen quer durch Indien zur Verfügung, damit die Tibeter ihre Kultur und Religion erhalten und auch Landwirtschaft betreiben konnten. Dharamsala wurde der Sitz der tibetischen Exilregierung mit dem Dalai Lama als dem weltlichen und spirituellen Oberhaupt. Der Dalai Lama betrieb im Lauf der Jahre eine Demokratisierung der Regierungsform, denn er würde lieber nur ein einfacher Mönch sein, erklärte er öfter, und keine Macht übernehmen, wenn sie zurück nach Tibet gingen. Doch die Mehrheit der Tibeter verzichtet nur ungern auf seine Führung und verehrt ihn, wie wohl kein anderes Staatsoberhaupt verehrt wird.

Inka hatte in München eine Tibet-Hilfe aufgebaut, die sich vor allem um die Erhaltung der tibetischen Medizin kümmert. Wie es dazu kam, erzählte sie mir auf der Fahrt.

Einmal, bei einem Kongress in Alpbach Anfang der achtziger Jahre, hielt der frühere, inzwischen verstorbene Leibarzt des Dalai Lama einen Vortrag über tibetische Medizin.

Er hatte eine Dolmetscherin namens Namlha dabei, mit der sich Inka gut verstand. Namlha lud Inka zu sich nach Dharamsala ein. Inka besuchte sie und merkte erst dort, dass Namlha die Schwägerin des Dalai Lama war – die Frau seines um zwei Jahre älteren Bruders Lobsang Samten Taklha.

Unter den Tibetern fühlte sich Inka sofort wie zu Hause und wollte etwas für sie tun. Zurück in München, bat sie ihre Freunde, zur Feier ihres vierzigsten Geburtstags keine Geschenke, sondern Geld mitzubringen für Tibet. Das Geld würde garantiert an die richtige Stelle kommen, denn sie würde den Dalai Lama persönlich fragen, wofür es verwendet werden sollte. Und sie würde es jedes Jahr selbst überbringen – auf eigene Kosten, versicherte sie. An diesem ersten Abend wurden bereits ganze 4000 Mark gesammelt.

Inka hatte denn auch einen gewissen VIP-Status in Dharamsala, und Erika und ich profitierten davon. Wir wohnten im Kashmir Cottage, einem kleinen Gästehaus in wunderbarer Lage, das dem jüngsten Bruder des Dalai Lama und dessen Frau gehört. Inka hatte Geschenke für die Familie mitgebracht, und vor allem die Kinder waren begeistert von den neuen Trainingsanzügen und flotten Sportschuhen.

Wir besuchten auch Namlha und saßen mit ihr und ihrem Mann im Wohnzimmer. Es herrschte eine fröhliche, freundschaftliche Atmosphäre. Ihr Mann wirkte ähnlich wie der Dalai Lama auf Anhieb sehr sympathisch und war voller Humor. Keiner von uns ahnte damals, als wir miteinander lachten, dass er einige Monate später erst 52-jährig an Hepatitis sterben würde.

Die einstündige Audienz mit dem Dalai Lama war zweifellos der Höhepunkt unseres Aufenthalts.

»Like family, isn't it? Like family«, strahlte der Dalai Lama uns an, als wir zu dritt mit ihm und seinem Sekretär in seinem Bungalow saßen. Es war wirklich wie im trauten Familienkreis. Seine offensichtliche Lebensfreude war anste-

Beim Dalai Lama auf der Veranda seines Bungalows (links Erika und rechts Inka und ich)

ckend und seine volle Präsenz inspirierend. Er machte es einem leicht, sich bei ihm wohl zu fühlen.

Inka fragte ihn, wohin die Gelder, die sie mitgebracht hatte, gehen sollten. Danach unterhielten wir uns über alles Mögliche, immer wieder unterbrochen von herzlichem Lachen. Ab und zu vergewisserte sich der Dalai Lama beim Sekretär, ob das englische Wort, das er wählte, auch das richtige sei. Fast immer war es das richtige.

Ich zeigte dem Dalai Lama einen Artikel, den ich über das Treffen verschiedener Religionsvertreter in Madras mit seinem Foto veröffentlicht hatte, und gestand, dass ich hauptsächlich darüber berichtet hatte, was er und Swami Chidananda vom Shivananda-Aschram in Rishikesh vorgetragen hatten, und den christlichen Theologen mit ihren für mich uneinsichtigen Thesen nur wenig Raum gegeben hatte. Der Dalai Lama wackelte mit dem Zeigefinger und lachte: »Sehr schlechter Journalismus!«

Und als ich ihm sagte, dass ich zwar die ehrliche Absicht hätte, mir den ganzen Tag der Einheit von allem bzw. der Gegenwart Gottes bewusst zu sein, aber es klappte einfach nicht, meinte er fröhlich: »Das macht nichts. Das geht mir auch so.«

Als er merkte, dass ich mehr in der indischen Tradition heimisch bin, überraschte er mich mit einer Frage:

»Glaubst du, dass sich der Hinduismus durch sein Konzept von *Atman* vom Buddhismus unterscheidet?«

»Nein«, sagte ich, »denn in den Upanischaden heißt es klar: ›Atman ist Brahman.‹«

Ich war mir allerdings nicht sicher, ob es der offizielle Buddhismus auch so sah, und machte einen Test. Als ich Sakya Trizin, das Oberhaupt der Sakya-Sekte, der in Dehradun lebt, bald darauf aufsuchte, fragte ich ihn: »Was ist der Unterschied zwischen Buddhismus und Hinduismus?« »Das Konzept von *Atman*«, kam prompt als Antwort. Buddhisten glauben fälschlicherweise, dass »Atman« für ein eigenständiges Selbst stehe und dass nur der Buddhismus kein eigenständiges Selbst postuliere. Es gibt zwar philosophische Richtungen in Indien, die das so sehen, doch *Advaita*, die höchste Weisheit, sagt klar und deutlich, dass *Atman Brahman* ist, also das, was allein ist und was verschieden benannt wird, aber für das es keinen Namen gibt.

Am Schluss ließ der Dalai Lama die traditionellen weißen Schals, *Katak*, bringen und legte sie uns um den Hals. Danach ließ er sich mit uns auf der Veranda fotografieren. Ich stand neben ihm, und noch bevor der Sekretär den Auslöser drückte, fühlte ich plötzlich, wie seine Hand die meine nahm und langsam hochhob. Kein Wunder, dass ich auf dem Foto strahle.

Es dauerte nach der Audienz ganze drei Tage, bis ich wieder normalen Boden und nicht mehr Wolken unter den Füßen spürte.

Ich hatte danach noch öfter Gelegenheit, dem Dalai Lama zu begegnen – bei Klostereinweihungen, Pressekonferenzen und Unterweisungen, die er für seine Landsleute gab. Es war jedes Mal eine Freude, ihn zu sehen.

Ich war zum Beispiel im Dezember 1985 in Bodh Gaya mit dabei, als er rund 250 000 Menschen die begehrte Einweihung in die Kalachakra-Meditation gab. *Kalachakra* bedeutet Rad bzw. Kreislauf der Zeit. Es handelt sich dabei um eine Meditation, die viel Vorstellungskraft erfordert, denn es wird detailliert erklärt, was man sich wie vorzustellen hat – zum Beispiel, dass man ein reiner Gott in einem das Universum symbolisierenden Palast ist, bevor man am Ende die ganze Vorstellung in Leere auflöst. Absicht ist, sich auszudehnen, weit über das kleine Ego hinaus, um so der Wahrheit, dass wir unbegrenzt und formlos sind, nahe zu kommen.

Allein 8000 tibetische Mönche waren aus allen Ecken Indiens zu dem Ort, an dem Buddha vor über 2500 Jahren erleuchtet wurde, geströmt und – so schien es – alle anderen Tibeter. Außerdem kamen Buddhisten aus Ladakh und Sikkim im indischen Himalaja und aus Nepal und Bhutan. Doch die größte Überraschung war: Die Chinesen hatten damals ihre Politik vorübergehend gelockert und Tibetern aus Tibet die Teilnahme an dieser religiösen Veranstaltung erlaubt.

Rund 10 000 Menschen waren aus Tibet angereist. Sie ließen sich von den Exil-Tibetern leicht unterscheiden – nicht nur wegen ihrer schweren, dunklen Kleidung, die andeutete, dass sie aus einem kälteren Klima in die auch im Winter tagsüber warme nordindische Ebene gekommen waren. Ihr Gesichtsausdruck war anders. Sie wirkten ruhiger, langsamer, einfacher und strahlten einen würdevollen Stolz aus.

Die Tibeter aus Tibet hatten den Dalai Lama 26 Jahre lang nicht gesehen und die Jüngeren unter ihnen sahen ihn zum ersten Mal – und viele von ihnen schluchzten, wenn er sich zeigte. Die Verehrung und Liebe, die sie ihrem Oberhaupt entgegenbrachten, waren überwältigend.

Einmal stand ein offensichtlicher armer Mann neben mir am Straßenrand. Er wickelte sorgfältig einen Ring mit einem Türkis aus einem Tuch, wickelte dann einen Hundert-Rupien-Schein aus einem anderen Tuch, steckte den Schein in den Ring, hielt ihn hoch und wartete auf den Dalai Lama, der hier bald entlanggehen würde. Doch bevor der Dalai Lama kam, entdeckte einer der Sicherheitsbeamten den Mann in der Menge. Er erklärte ihm anscheinend, dass er es nicht persönlich übergeben könne, denn der Mann vertraute daraufhin sein Geschenk diesem Beamten an. Ich hoffte, dass es den Dalai Lama erreichen würde.

Als der Dalai Lama, von mehreren Gefolgsleuten umringt, schließlich vorbeiging, fing ein junges Mädchen vor mir zu weinen an. Ich hätte mitweinen können – über das Schicksal Tibets.

Eines von vielen schönen tibetischen Gesichtern, die mir während der Kalachakra-Einweihung in Bodh Gaya begegneten.

Mir fielen Szenen ein, die sich in den siebziger Jahren an der Hamburger Uni abspielten – Vollversammlungen in der Aula oder Pamphlete auf den Tischen der Mensa, wo sich die verschiedenen kommunistischen Gruppierungen ach so fortschrittlich gaben und die Politik Chinas in den Himmel lobten. Mao Tse-tung war ein Held in der Studentenszene. Auch ich kaufte mir die kleine rote Mao-Fibel. Ich hatte damals keine Ahnung, und ich war bestimmt nicht die Einzige, wie brutal die Chinesen in Tibet vorgingen, dass sie mehrere Hunderttausend Tibeter umgebracht und Tausende von Klöstern zerstört hatten. »Kulturrevolution« hatte in den siebziger Jahren unter den Hamburger Studenten keinen schlechten Klang.

Erst als ich in Indien Tibeter kennen und schätzen lernte, merkte ich, wie traurig und lächerlich es gewesen war, dass wir den feurigen Reden von Studentenführern über Maos großartige Revolution applaudiert hatten.

Doch die Tibeter sind stark, und sie haben einen noblen Stolz. Es gibt Gesichter unter ihnen, die mir wohl mein Leben lang in Erinnerung bleiben werden.

An einem Abend zum Beispiel ließ ich mich zusammen mit Susan, einer Fotoassistentin für »Geo«, in einem der Essenszelte zur täglichen Nudelsuppe nieder. Ein Tibeter setzte sich uns gegenüber. Er hatte seine langen Zöpfe mit einem roten Band um den Kopf gewunden und trug einen schweren, dunklen Mantel. Wir beide waren einen Moment sprachlos vor Staunen – so schön war er. Susan meinte später sogar, dass er bestimmt eine Erscheinung gewesen sei und kein richtiger Mensch, weil es solch schöne Menschen gar nicht geben könne.

Zum Nachtisch hatte ich eine Tafel Schokolade dabei. Ich legte sie auf den Tisch, brach sie in Stücke und deutete unserem Gegenüber an, sich zu bedienen. Er nahm ein Stück, drehte es in seiner Hand hin und her und schaute es sich von allen Seiten genau an. Wir führten unsere Finger zum Mund, als Hilfestellung. Er verstand und aß das Stück Schokolade. Und es schmeckte ihm anscheinend. Er nahm nämlich ein Stück nach dem anderen und aß die ganze Tafel auf. Wir waren glücklich. Dann sagte er etwas zu uns. Wir wollten natürlich wissen, was er gesagt hatte, und baten einen Exil-Tibeter im Zelt, der Englisch sprach, ihn zu fragen. »Heutzutage gibt es auch Leute von eurem Stamm in Lhasa«, hatte er gesagt.

Er verschwand genauso schön und ernst und stolz, wie er gekommen war, hinaus in die Dunkelheit.

Ich wusste plötzlich nicht mehr, ob es die Exil-Tibeter wirklich besser getroffen haben. In materieller Hinsicht zweifellos. Außerdem leben sie in einem freien Land und können tun und lassen, was sie wollen. Und viele nutzen diese Freiheit dazu, Tibet zu helfen. Aber viele nutzen diese Freiheit auch, um den westlichen Lebensstil zu kopieren. Möglicherweise merken sie gar nicht, dass bei uns im Westen die Weisheit zu kurz kommt – die Weisheit, wie man eine starke, in sich ruhende Persönlichkeit wird. Was wäre sonst der Grund dafür, dass sich so viele Westler inzwischen nach Osten wenden und sich an der östlichen Spiritualität orientieren? Damals in Bodh Gaya waren mehrere Hundert von ihnen anwesend.

Der Dalai Lama gab eine Audienz speziell für Westler in Bodh Gaya und riet, das Hauptaugenmerk darauf zu richten, ein guter, mitfühlender Mensch zu werden, der seine Gedanken und Gefühle unter Kontrolle hat und sich intelligente Gedanken über sich und die Welt macht. Denn eine Vorbereitung sei nötig, wenn Meditation eine positive Wirkung haben soll. »Es kommt auf die Praxis an«, sagte er und betonte: »auf eine nicht sektiererische Praxis«.

Vielleicht sind wir Westler tatsächlich anfälliger für sturen Ernst als Tibeter oder Inder. Ich konnte öfter Scheuklappen und Rechthaberei beobachten, nicht nur bei westlichen Buddhisten, sondern auch bei mir, als ich später einen indischen Guru hatte.

Im Zweifel für den Wandermönch

Glücklicherweise bekomme ich keine Platzangst, wenn ich in Menschenmassen eingekeilt bin, denn sonst wäre Indien das falsche Land für mich. Im Gegenteil, ich genieße die Atmosphäre, die unendliche Vielfalt und Buntheit, eine Woge von Menschen, die jeden mitträgt, flüchtige, freundliche Kontakte mit unzähligen Augenpaaren – für kurze Zeit an einem Ort zusammengeworfen.

Als ich deshalb in Bodh Gaya hörte, dass im April 1986 die volle *Kumbh Mela* in Haridwar stattfindet, wollte ich mit dabei sein. Denn wenn Millionen von Pilgern aus allen Ecken Indiens unter allen nur denkbaren Strapazen zu diesem Fest an den Ganges ziehen, muss das einen Grund haben. Genau genommen hat es sogar zwei Gründe: Erstens lockt sie ein Bad im Ganges zu der astrologisch äußerst günstigen Zeit der *Mela* (Fest). Es soll dann nämlich besonders wirksam sein, das heißt, innerlich reinigen und damit die spirituelle Entwicklung fördern. Und zweitens hoffen sie, von der Gegenwart großer Geister, den Nachfahren der weisen Männer und Frauen aus der vedischen Zeit, *Rishis* genannt, zu profitieren.

Die *Kumbh Mela* ist nämlich der traditionelle Treffpunkt für diese Stützen der indischen Spiritualität, die ihr Leben ganz der Suche nach der Wahrheit verschrieben haben. Auch heute noch stehen die Einsiedler, die sich normalerweise in Höhlen im tiefen Himalaja verborgen halten, oder die Wandermönche, die mit Stab und Bettelschale quer durchs Land ziehen, für ein Ideal. Sie verkörpern den Traum von Freiheit

Ein Meer von Menschen bei der Kumbh Mela *am Ganges in Haridwar, die alle ein Bad nehmen wollen*

und Unabhängigkeit für viele, die sich in der Welt gefangen fühlen.

Warum das Bad im Ganges ausgerechnet zu der Zeit der *Mela* besonders förderlich für die spirituelle Entwicklung sein soll, erklärt eine Erzählung aus der indischen Mythologie, die seit alters her mit konkreten Orten in Verbindung gebracht wird:

In einer frühen Zeit, am Anfang unseres derzeitigen Weltenzyklus, bemühten sich die Götter und Dämonen, den verloren gegangenen Nektar der Unsterblichkeit durch kräftiges Rühren aus dem Milch-Ozean freizusetzen. Als der Krug (*Kumbh*) schließlich randvoll mit dem Nektar auftauchte, begann eine wilde Verfolgungsjagd. Der Sohn eines Gottes hatte sich das Gefäß mit dem wertvollen Inhalt geschnappt und die Dämonen hefteten sich an seine Fersen. Sonne, Mond und Jupiter übernahmen die Beschützerrolle für die Götter und machten ihren Einfluss von wechselnden Positionen aus geltend. Zwölf Tage lang dauerte die Jagd, bis der Krug endlich bei den Göttern in Sicherheit war.

Ein paar Tropfen sollen dabei auf vier Orte in Nord- und Mittelindien gefallen sein, die dadurch zu besonders heiligen Plätzen wurden und alle zwölf Jahre die *Kumbh Mela* feiern: Haridwar, Allahabad, Nashik und Ujjain. Als der Krug in dieser mythischen Zeit in Haridwar überschwappte, beschützten ihn die Sonne vom Widder und der Jupiter vom Wassermann aus. Diese Konstellation wiederholt sich alle zwölf Jahre, denn ein Jahr der Menschen entspricht nach indischer Auffassung einem Tag der Götter. Und der Einfluss der Gestirne soll sich dann jedes Mal wieder an dem betreffenden Ort sowie auf den Fluss, an dem dieser Ort liegt, besonders positiv auswirken.

Soweit die Mythologie, aus der verständlich wird, warum ein Bad im heiligen Fluss zu dieser speziellen Gelegenheit der Wunschtraum vieler frommer Hindus ist. Wirklich verständlich ist es für einen Europäer wohl nicht unbedingt. Als ich am Gangesufer entlangging bzw. in der Masse entlanggeschoben wurde und den Badenden zuschaute, die mit zugehaltener Nase eifrig in die Knie und unter Wasser gingen, wäre ich nicht auf die Idee gekommen, dass diese Art von Gymnastik der Erkenntnis der Wahrheit dienlich sein soll.

Aber kann ich es wissen? Es lässt sich nicht beweisen, aber auch nicht widerlegen, ob die in Frage stehende astrologische Konstellation die Atmosphäre und das Gangeswasser auf irgendeine subtile Weise besonders auflädt oder nicht. Und ich war nach sieben Jahren in Indien großzügig genug, um die indische Einstellung für möglich zu halten und nicht nur die westliche, die solche Ansichten »im Lichte der Wissenschaft«

für Unsinn hält. Die Inder trauen ihren Weisen und ihrer Überlieferung viel Wissen über die feinen Wechselwirkungen zwischen Mensch und Kosmos zu. Und vielleicht liegen sie damit nicht falsch. Es werden immer mehr Erkenntnisse der alten Weisheit von Wissenschaftlern bestätigt. Fairerweise müssten wir aus dem Westen der indischen Auffassung genauso viel Toleranz entgegenbringen, wie wir es in unserem Kulturkreis bezüglich der Taufe tun. Eher sogar mehr, denn kein Inder behauptet, dass jemandem die Erlösung versagt bleibt, wenn er *nicht* im Ganges badet.

Mir persönlich war das Bad nicht wichtig, doch es ergab sich, dass ich dennoch nachts um 2 Uhr, zu der bestmöglichen Zeit, im Ganges untertauchte. Eine Gruppe von Leuten aus Kalkutta, die um eine zierliche Frau, Rani Ma mit Namen, geschart waren, nahm mich nämlich unter ihre Fittiche. Ich war am Abend vor dem großen Bad zufällig in diese Gruppe geraten.

Rani Ma gefiel mir. Es war wenig über ihre Vergangenheit zu erfahren. Sie stammte aus Bengalen. Offenbar hatte sie ihre Eltern früh verloren, und als ihre Zieheltern sie als junges Mädchen verheiraten wollten, ging sie einfach weg und zog nach alter Tradition als *Sadhu* zum Himalaja. Neun Jahre zuvor war sie in Haridwar gelandet, und dort war sie geblieben. Auf ihrer Veranda versammelte sich jeden Abend ein kleiner Kreis von Besuchern. Sie redete wenig. Ihr Guru war Babadschi und ich freute mich, als ich sein Bild aus Yoganandas »Autobiografie eines Yogi« auf dem Medaillon um ihren Hals sah. Ihre Anhänger aus Kalkutta hielten sie in hohen Ehren und für erleuchtet.

Es war klar, dass die Gruppe in der Nacht zum Badeghat ziehen würde, und Rani Ma bestand darauf, mich mitzunehmen. Ich ließ es mir gefallen. Wir schliefen ein paar Stunden auf Bastmatten auf ihrer Veranda und reihten uns dann in den steten Strom Richtung Ganges durch die Stadt ein.

Dieser Strom war so dicht gedrängt, dass es mir kaum möglich war, in der Nähe des Badeghats meine Gummischlappen auszuziehen, da ich mich nicht bücken konnte. Die anderen waren in weiser Voraussicht barfuß losmarschiert. Es bestand die reale Gefahr, dass der Strom über einen hinwegzieht, sollte man hinfallen.

Am nächsten Tag wurde denn auch bekannt, dass es in der Nacht 50 Tote gegeben hatte. Der Menschenstrom war wegen eines VIP-Politikers für eine Weile gestoppt und dann wieder freigegeben worden. Viele, die während der Wartezeit in die Hocke gegangen und eingedöst waren, konnten nicht schnell genug aufstehen, als die Menge plötzlich weiter drängte. Sie wurden totgetrampelt.

Ich war dennoch froh über das nächtliche Bade-Erlebnis und hätte es bedauert, auf meiner Pritsche im Pressecamp durchgeschlafen zu haben.

Es waren schätzungsweise eine halbe Million *Sadhus*, *Swamis*, *Sanyasis*, wie die potenziell heiligen Männer und Frauen genannt werden, nach Haridwar gekommen – ein Querschnitt dessen, was das spirituelle Indien an Persönlichkeiten und Ideen aufzuweisen hat. Anandamayi Ma und Babadschi waren schon gestorben, aber Devaraha Baba war dabei. Ein buntes und faszinierendes Bild.

Viele *Sadhus* waren splitternackt, dafür von Kopf bis Fuß mit Asche beschmiert. Die meisten waren in orangefarbene oder schmutzig weiße, oft recht ausgeleierte Tücher gewickelt, manchmal auch in schwarze. Ihre Stirn war mit geheimnisvollen Zeichen bemalt. In der einen Hand hielten sie in der Regel eine Bettelschale und in der anderen einen Holzstab, der oft durch einen gefährlich aussehenden Dreizack aus Eisen ersetzt war. Ihre Haartracht war durchwegs sehr eigenwillig. Sofern ihre Köpfe nicht geschoren waren, waren die absichtlich mit Asche verfilzten, dicken Haarsträhnen in mehreren Lagen großartig aufgetürmt oder standen steif nach verschiedenen Seiten ab, wenn sie nicht gar bis hinunter zu den Zehen gezüchtet waren.

Wenn ich es nicht schon vorher gemerkt hätte, wäre es mir spätestens auf der *Kumbh Mela* aufgefallen: dass nicht alle von ihnen Fast-Heilige sind. Nur weil jemand in Orange oder nackt daherkommt, muss er nicht unbedingt eine reine, gleichmütige, allen anderen wohlgesinnte spirituelle Größe sein. Es gibt eben wie überall solche und solche. Und so gab es auch hier die Glaubwürdigen, die tatsächlich ihr Leben voll in den Dienst der Wahrheitssuche stellen, ehrlich und ernsthaft – und darunter sicher auch einige, die spüren, wer sie wirklich sind.

Ich muss zugeben, dass ich nicht viele wirklich beeindruckende Gestalten traf, aber bei einigen konnte ich mir vorstellen, dass sie von einer tieferen, »wacheren« Bewusstseinsebene aus ihr Leben lebten.

Einmal zum Beispiel saß ich auf der schmalen Holzbank vor einer Teebude am Straßenrand. Ein älterer Mann mit einem Handtuch um den Kopf setzte sich neben mich. Ich rückte unwillkürlich etwas zur Seite, denn er sah nicht sauber aus. Sein *Dhoti* (Beinkleid) und das weite Hemd mussten vor langer Zeit einmal weiß gewesen sein. Er trug einen Sack über der Schulter, der die gleiche schmutzig graue Farbe hatte. Eine magere Hündin, deren Junge unter ihr balgten, stellte sich hinter unsere Bank und schaute uns erwartungsvoll an. Wir beide wandten uns ihr gleichzeitig zu und ich war überrascht, wie viel Mitgefühl aus den Augen dieses Mannes sprach. Von da an mochte ich ihn plötzlich sehr und überlegte, ob es passend wäre, ihm den Tee zu bezahlen, denn er sah ärmlich aus. Doch gerade in diesem Moment kam Melita Maschmann vorbei und wir redeten miteinander. Derweil zahlte er und ging. Wir brachen auch auf und Melita deutete auf ihn: »Schau, der Mann dort vor uns – die Leute hier sagen, dass er erleuchtet ist. Er ist immer gelassen, nichts

Shiva, einer der beliebtesten Götter, der auch das Höchste an sich symbolisiert. Der Frauenkopf im Haar steht für den Ganges.

kann ihn erschüttern, obwohl er arm ist und sich sein Geld mit Lehmsammeln für Seifen verdient.«

Melita und ich nahmen an der Morgen-*Arti* im Tempel von Anandamayi Ma, wo sie begraben liegt, teil. Danach gingen wir getrennte Wege. Ich befand mich auf dem Rückweg, als ich an den Mann von der Teebude dachte und mir wünschte, ihn noch einmal zu sehen. Es ging jemand vor mir her, doch er hatte kein Handtuch um den Kopf, nur kurze weiße Haarstoppeln, und ich nahm weiter keine Notiz von ihm. Plötzlich fielen mir die starken Krampfadern an seinen Beinen auf und ich erkannte, dass er es war. Im selben Moment drehte er sich um und lachte mir zu.

Ein anderes Mal saß ich mit einigen anderen bei Rani Ma auf der Veranda, als sich ein *Sadhu* aus Uttarkashi im Himalaja dazugesellte. Rani Ma begrüßte ihn herzlich. Er war anscheinend ein guter Freund, und er gefiel mir. Die beiden unterhielten sich eine Weile lang angeregt. Dann versank er in Schweigen. Wir alle schwiegen und fühlten uns wohl dabei. Nachdem er gegangen war, sagte Rani Ma, dass er erleuchtet ist. Ob es stimmte, weiß ich natürlich nicht.

Wahrscheinlich bin ich auch an so manch einem einfach vorbeigelaufen, ohne zu erkennen, dass er oder sie die Einheit von allem tatsächlich erlebt.

Ich vermute, dass selbst unter den großen Zeltdächern, die die Regierung für die ganz Armen aufgestellt hatte, einige zu finden waren. Dort wurde nonstop jeweils einer der vielen Namen Gottes singend wiederholt. Es gab hohlwangige Männer mit tiefliegenden Augen und ausgemergelten Körpern, die mit kleinen Zimbeln ihr Singen begleiteten – und Zeit hatten, aufzublicken und mich mit einem Lächeln und Kopfnicken zur Teilnahme einzuladen.

Es waren Verehrer von Vishnu, dem Erhalter des Universums. Vishnu verkörpert sich angeblich auf der Erde in Menschenform, wann immer das Böse überhand nimmt, um wieder den rechten Weg zu weisen. Ram und Krishna sind Vishnus beliebteste Verkörperungen (*Avatare*). Die Lebensgeschichte von Ram wird in dem alten Epos »Ramayana« erzählt, und die von Krishna in den 100 000 Versen des »Mahabharata«. Das Gespräch zwischen Krishna und Ardschuna, als »Bhagavadgita« bekannt, ist Teil des »Mahabharata«. Krishna soll vor 5000 Jahren gelebt haben und Ram noch mehrere Jahrtausende früher. Die Anhänger Vishnus sind im Vergleich zu denen Shivas sanfter. Sie wollen durch ständiges Denken an Vishnu bzw. an diejenige Form von ihm, die ihnen am liebsten ist, mit ihm in Liebe verschmelzen.

Als ich aufstand, um zu gehen, riet mir ein alter Mann, nach Ayodhya zu fahren, und erkundigte sich, ob ich genug Geld für eine Zugkarte dorthin hätte. Denn dass ich den Geburtsort von Ram besuche, der für sie das ist, was für gläubige Christen Jesus ist, lag ihm ehrlich am Herzen.

Ich genoss es, von Lager zu Lager zu ziehen und die Nachfahren der alten *Rishis* zu beobachten. Der junge *Sadhu*, der sich bei seiner Meditation in der Mittagshitze zusätzlich mit einem Kreis von kleinen Feuern umgab, hatte sicherlich keinen Grund, mir etwas vorzuspielen:

»Ich will mich darin üben, auch in schwierigen Situationen an Gott zu denken«, erklärte er seine Askese.

»Und warum willst du ständig an Gott denken?«

»Weil ich eins mit ihm werden will«, antwortete er mit größter Selbstverständlichkeit.

Vor einem Fotogeschäft sprach mich ein etwa 20-jähriger *Sadhu* in fließendem Englisch an, fragte, woher ich käme. Er war nur mit einem Lendenschurz bekleidet, war ein *Naga-Sadhu* – »seit gestern«, wie er mir bereits im zweiten Satz erzählte. Ich war am Vortag Zeuge gewesen, als einige Tausend junge Männer am Ufer des Ganges saßen, den Kopf frisch geschoren und nur den Lendenschurz um die Hüfte. Sie nahmen »*Sanyas*«, legten den Schwur ab, den Freuden der Welt zu entsagen, nicht mehr von Familie, Wohlstand und Ansehen zu träumen und stattdessen ihr Leben in den Dienst der Gottsuche zu stellen.

Hier stand nun einer von ihnen vor mir, sympathisch, gut aussehend, der vorgestern wahrscheinlich noch völlig normal ausgesehen hatte – mit Hemd und Hose am Körper und Haaren auf dem Kopf. Ich fragte ihn, was ihn zu diesem Schritt bewogen hatte. »Ich will in einer Höhle im Himalaja meditieren, um eins mit Gott zu werden«, antwortete er so, als ob ein Wunsch dieser Art das Selbstverständlichste von der Welt für einen Mann seines Alters sei. Ich nahm die Gelegenheit wahr und bat ihn, mich zu seinem Guru zu führen. Er tat es bereitwillig.

Die *Naga-Sadhus* betrachten sich als die Krieger Shivas. Shiva ist einerseits der Zerstörer in der Dreieinigkeit neben

Nagas *vor dem Zelt ihres Gurus. Im Camp trugen viele einen Lendenschurz. Zum Ganges zogen sie nackt.*

Brahma, dem Schöpfer, und Vishnu, dem Erhalter. Andererseits wird Shiva als das Höchste an sich betrachtet. Adi Shankara hatte im 8. Jahrhundert als Reaktion auf die buddhistischen Mönchsgemeinschaften die vereinzelten *Sadhus* in zehn Orden eingeteilt, je nachdem, wo der Schwerpunkt ihrer spirituellen Praxis lag. Adi Shankara war es auch, der die *Sadhus* aufforderte, regelmäßig zur *Kumbh Mela* zu erscheinen – zum einen, um sich gegenseitig auszutauschen, und zum anderen, um dem Volk den Rücken für ein rechtschaffenes Leben zu stärken.

Die *Naga-Sadhus* kämpften einst gegen die muslimischen Eroberer, die vom 8. bis zum 18. Jahrhundert den Hindus das Leben schwer machten und es ihnen oft nahmen. Ihre Militanz beschränkt sich heute allerdings darauf, über die Rangfolge beim Bad im Ganges zu kämpfen oder dreiste Fotografen das Fürchten zu lehren. Ein Franzose zum Beispiel musste seine Kamera durch einen Spurt retten. Ich wagte ebenfalls, ein Foto von den nackten *Nagas* zu machen, obwohl der Verantwortliche für die Presse uns das verboten hatte. Heimlich und schnell mit meiner kleinen Minox, und ich war mir sicher, dass niemand es gesehen hatte – bis ich den Film entwickelte. Drei *Nagas* schauten direkt in die Linse.

Der Manager des Touristenbungalows in Haridwar hatte mich vor den *Naga-Sadhus* gewarnt und mir abgeraten, mich in ihr Camp zu wagen, weil die meisten dieser *Sadhus* über okkulte Kräfte verfügten. Falls ihnen etwas an mir nicht gefiele, könne das für mich schlimme Folgen haben, meinte er. Doch mein junger Begleiter wirkte äußerst friedlich, und auch sein Guru war überraschend freundlich, fast sanft, und wohlbeleibt. Er erlaubte mir nicht nur, sondern freute sich, dass ich Fotos machte, denn er rief dafür die ganze Kompanie seiner *Sadhus* zu seinem Zelt. Er bot mir Tee an. Mit der Verständigung haperte es allerdings, denn mein Hindi reichte damals nur zum Austausch einiger Höflichkeiten.

Nagas, *nackte* Sadhus, *auf dem Weg zum Ganges. Einige Tausend hatten sich während der* Mela *zu* Nagas *weihen lassen.*

Er diktierte dem jungen Mann, der am Vortag ein *Naga* geworden war, die Einkaufsliste, und der schrieb gehorsam alles auf. Ich wünschte ihm alles Gute für seinen Weg, wünschte ihm, dass er die Wahrheit erkennen und seinen Enthusiasmus beibehalten möge. Denn der Schwur, der Welt zu entsagen, ist keineswegs eine Garantie, dass weltliche Wünsche nicht doch wieder die Oberhand gewinnen. Doch ich habe große Achtung – nicht nur vor denen, die das Ideal der in sich ruhenden, integrierten Persönlichkeit verwirklicht haben, sondern auch vor denen, die danach streben.

Es mag leicht sein, diese eigenartigen Gestalten allein schon wegen ihres Aussehens zu belächeln oder sie als Schmarotzer der Gesellschaft abzutun. Und zweifellos tragen viele die Farbe Orange nur deshalb, weil es sich in diesem Gewand leichter betteln lässt, und womöglich sind sogar Kri-

Einige Sadhus, *die im ohnehin heißen Klima noch Feuer anzünden, um Gelassenheit zu üben*

minelle darunter, die sich in diesem Gewand verstecken. Aber kann ich wissen, welchen inneren Kampf viele *Sadhus* ausfechten, wie viel Mut sie aufbringen, um ihre bisherigen Bindungen zu lösen und den Traum von einem glücklichen Familienleben und Erfolg im Beruf aufzugeben – zugunsten einer Reise nach innen, auf die sie sich allein begeben müssen, ohne Krankenversicherung und ohne die Sicherheit, dass die nächste Mahlzeit auch tatsächlich in der Bettelschale landet?

Sie demonstrieren eine Lebensweise, die der unsrigen diametral entgegengesetzt ist. Es geht ihnen nicht darum, Wünsche zu erfüllen, sondern sie aufzugeben; sie halten nichts davon, »Bedürfnisse zu wecken«, sondern wollen sie vermindern. Und damit wirken sie wie ein Bollwerk gegen den mächtigen Trend zum modernen Leben mit immer mehr Konsum.

»Im Zweifel für den Wandermönch« ist in Indien die Devise. Und selbst Kritiker der spirituellen Szene zweifeln nicht daran, dass es unter den *Sadhus* Erleuchtete gibt; irgendwo tief im unzugänglichen Himalaja – die ihre Höhle nur für die *Kumbh Mela* verlassen …

Auf den Spuren Rams, des Prinzen von Ayodhya

Im Pressecamp auf der *Kumbh Mela* schlug mir jemand vor, einen Artikel über das alljährliche, prunkvolle *Ramlila* in Varanasi zu schreiben. Ich reiste immer noch gerne und umso lieber, wenn ich einen Grund hatte. Das *Ramlila* ist ein Spiel (*Lila*) über Ram, das sich über 30 Abende lang im Oktober/November hinzieht und seit Jahrhunderten unter der Schirmherrschaft des Maharadschas von Varanasi steht. Ich meldete mich also beim Sekretär des Maharadschas an, denn seine Erlaubnis war nötig, um Fotos machen zu können.

Ram, der Prinz von Ayodhya, lebte vor vielen Tausenden von Jahren, noch lange vor Krishna. Dennoch kennt auch heute noch jedes Kind bis ins Detail seine bewegte Lebensgeschichte, die im *Ramayana* erzählt wird. Das *Ramayana* ist ein großartiges Epos, in dem der Dichter Valmiki, angeblich ein Zeitgenosse Rams, in 24 000 Sanskrit-Versen die Geschichte von dem Prinzen und späteren König von Ayodhya aufleben lässt. Im 17. Jahrhundert schrieb Tulsidas die Geschichte Rams in Hindi und machte sie damit noch populärer. Das *Ramayana* vermittelt, wie man mit Würde lebt und sich in zwischenmenschlichen Beziehungen richtig verhält.

Ram ist ein Vorbild – edel, gerecht, kühn, von ausgeprägter Schönheit, ein Beschützer der Schwachen, bereit, für sein Wort eher zu sterben, als es zu brechen, und bereit, für seine Frau Sita, die von einem Dämonenkönig entführt wurde, Krieg zu führen.

Sita wiederum verfügt über alle guten Eigenschaften, die eine Frau nach Ansicht der alten *Rishis* haben sollte: Sie ist bescheiden, treu, hat immer das Wohl ihres Mannes im Auge, ist warmherzig, voller Gottvertrauen, voller Takt und Feingefühl – und wunderschön.

Obwohl emanzipatorische Frauengruppen, die es auch in Indien gibt, einiges an Sita auszusetzen haben, hält das die Mehrheit der Inderinnen nicht davon ab, auch heute noch Sita als ihr Ideal zu verehren.

Um ein Vorbild zu sein, darf es Ram im Leben nicht leicht haben. Er begegnet unzähligen, unvorhergesehenen Kompli-

Frauen sitzen in Ayodhya auf der Veranda eines Schreins, der Sita und Ram geweiht ist.

kationen und Härten. An dem Tag zum Beispiel, als der schöne, von allen geliebte Prinz gekrönt werden soll, muss – verursacht durch eine Intrige im Palast – Rams Vater Dasaratha gebrochenen Herzens seinen Sohn 14 Jahre lang ins Exil schicken. Ram zieht frohen Mutes die festlichen Roben aus und wickelt sich in das einfache Gewand eines Asketen. Sita und sein Bruder Lakshman bestehen darauf, mit ihm zu gehen. Und so ziehen die drei schließlich aus der Stadt hinaus in den Wald – und ganz Ayodhya weint.

Inder werden nicht müde, sich die Geschichte von Ram immer wieder in Aschrams anzuhören oder auf Dorfbühnen anzusehen. Ich erkenne inzwischen den typischen Singsang dieser Rezitation und freue mich, wenn er von irgendwoher zu mir weht.

Das *Ramlila* in Varanasi wird an dem der Stadt gegenüberliegenden Gangesufer aufgeführt und kulminiert im *Diwali*-Fest, wenn Ram als König nach Ayodhya zurückkehrt. Vor der Aufführung werden die Schauspieler mit einer *Pudscha*, einer religiösen Zeremonie, geweiht und daraufhin als echte Verkörperungen ihrer Rollen gesehen. Viele Zuschauer berühren ehrfurchtsvoll die Füße des Ram-Darstellers, wenn sich in Pausen Gelegenheit dazu bietet. Die Schauspieler sind mitten unter den Zuschauern. Es herrscht Volksfeststimmung, mit reichlich Essbuden und Verkaufsständen. Wenn Ram in die Verbannung geht, ziehen mehrere Tausend Menschen mit ihm zwei Kilometer bis zum nächsten Ort der Handlung – ein Erlebnis für sich.

Der Maharadscha war ebenfalls anwesend und schaukelte hoch zu Elefant durch die Menge. Auf dem Elefanten neben ihm, genauso prächtig geschmückt, saß sein Sohn, der Prinz, der inzwischen vermutlich die Nachfolge seines Vaters angetreten hat.

Die nächtlichen Rückfahrten über den Ganges nach dem Spiel sind mir in besonderer Erinnerung geblieben: Es waren überwiegend Männer, die in der Stille der Nacht – einmal war es sogar schon 4 Uhr morgens – auf unzähligen, voll beladenen Booten in die Stadt auf der anderen Seite des Ganges übersetzten. Sie erzählten sich gegenseitig mit Begeisterung, wie bewundernswert sich Ram heute wieder verhalten und wie vorbildlich Sita reagiert habe – so, als ob es gerade erst passiert wäre und sie das Glück gehabt hätten, dabei gewesen zu sein. Wenn die Gespräche gelegentlich verstummten, fingen sie zu singen an: Sita Ram, Sita Ram, jeder in der ihm eigenen Stimmlage. Gegen Ende der Fahrt, als wir am Ufer in Varanasi an einem Shiva-Tempel vorbeiglitten, unterbrachen sie ihr »Sita Ram« und riefen Shiva aus voller Kehle einen Gruß zu.

Ich hatte keine Bedenken, allein mitten in der Nacht durch ausnahmsweise verlassene Straßen mit einer Rikscha vom Ganges bis zum Touristenbungalow in der Nähe des Bahnhofs zu fahren. Mein Vertrauen wurde nicht enttäuscht. Varanasi ist eine faszinierend intensive Stadt, wo Leben und Sterben nah beieinander liegen und Diesseits und Jenseits ineinander übergehen. *Kashi* (Licht) hieß die Stadt in grauer Vorzeit. Womöglich ist sie die älteste Stadt überhaupt auf unserer Erde und stammt aus einer Zeit, als die Welt noch transparenter für ihre lichtvolle Essenz war – mehr Licht und weniger dicht.

Ayodhya, Rams Geburtsort, liegt drei Zugstunden von Varanasi entfernt. Mir fielen die alten Männer unter den Zeltdächern auf der *Kumbh Mela* ein, die mich zum Mitsingen eingeladen und mir ans Herz gelegt hatten, Ayodhya aufzusuchen, wo ihr geliebter Ram geboren war. Ich fuhr also hin.

Ayodhya war eine ruhige Stadt damals, 1986. Abends erklangen fast aus jedem Haus, von Zimbeln begleitet, religiöse Lieder. Dort konnte man sogar Rams Palast bewundern. Und für 50 Paise extra (etwa 1 Cent) seine Privatgemächer, die alt aussahen und so niedrig waren, dass man darin nur gebückt

Der Maharadscha von Varanasi und sein Sohn, der Prinz, hoch zu Elefant mitten unter den Zuschauern beim Ramlila

stehen konnte. Für die Pilger aus den Dörfern bestand vermutlich kein Zweifel daran, dass sich Ram auf diesen Kissen ausgeruht hatte bzw. immer noch ausruht, die auf dem Bett drapiert waren. Anders konnte ich es mir nicht erklären, warum sie die Gegenstände in den Räumen so zärtlich und vorsichtig berührten und dann respektvoll ihre Hand zu ihren Augen führten. Sie legten Ram auch Briefe in sein Zimmer. Und er soll einmal geantwortet haben – in Form eines Liebesbriefes.

Damals ahnte ich nicht, dass sechs Jahre später Ayodhya durch die Weltpresse gehen sollte. Noch heute wird auf die Zerstörung einer unbenutzten Moschee am Rande des Ortes, der Babri-Moschee, Bezug genommen, die Babar, ein Eroberer türkisch-mongolischer Abstammung und Nachfahre von Dschingis Khan, im 16. Jahrhundert erbaut hatte, nachdem er den Sultan in Delhi besiegt und sich als Herrscher und

Bei der morgendlichen Reinigung auf den Gangesstufen – wie vor Tausenden von Jahren

Begründer der Moguldynastie etabliert hatte. Ich besuchte diese Moschee, denn auf ihrem Gelände stand ein kleiner, provisorischer Zelttempel für Ram, der für die Pilger offenbar große Bedeutung innehatte. Ich wusste damals wenig über indische Geschichte, wusste nicht, dass die Hindus behaupten, dass Babar einen Tempel an Rams Geburtsplatz zerstören und darauf die Babri-Moschee hatte bauen lassen. Unter den muslimischen Eroberern, die vom 10. Jahrhundert an mit eiserner Hand über große Teile des indischen Subkontinents herrschten, wurden zwar unzählige Tempel zerstört, an deren Stelle jetzt Moscheen stehen (eine Hindu-Organisation behauptet, es wären 30 000), doch der Tempel an Rams Geburtsplatz war den Hindus besonders wichtig. Sie versuchten deshalb schon während der englischen Kolonialherrschaft, den Platz, auf dem die Moschee stand, legal zurückzugewinnen, um wieder einen Tempel für Ram bauen zu können. Die Moschee wird deshalb seit langem als »um-

Absorbiert in ein Gebet auf den Stufen am Ganges in Varanasi (Benares)

strittene Struktur« bezeichnet, und es fand seit 1949 kein muslimisches Gebet mehr dort statt. Kurz bevor ich 1986 nach Ayodhya kam, war Hindus die Anbetung von Ram in dem Provisorium gestattet worden. Die Bewegung, die dort einen großen Ram-Tempel bauen lassen wollte, gewann nach 1986 immer mehr Unterstützung. Die Regierung erlaubte 1992 eine symbolische Grundsteinlegung auf einem von der Moschee entfernten Platz und nahm den Verantwortlichen das Versprechen ab, die Moschee nicht anzutasten.

Doch es kam anders. Als junge Leute die Bambusbarrikaden in Richtung »umstrittene Struktur« durchbrachen, ließ sich die Masse nicht mehr kontrollieren. Aktivisten kletterten auf die Dome der Moschee und schlugen stundenlang auf sie ein, bis das alte Gebäude schließlich in Schutt und Asche lag. Ein Aufschrei ging durch Indien und die Welt. Die Medien im In- und Ausland berichteten, dass Indien fanatischen Hindu-Fundamentalisten zum Opfer fiele.

Ich bin mir sicher, dass das nicht der Fall ist. Hindus sind meiner Erfahrung nach sehr tolerant und nicht fundamentalistisch, obwohl sie sowohl unter den muslimischen Herrschern als auch unter den Engländern viel gelitten haben. Doch seltsamerweise werden sie bzw. die Organisationen, welche die Interessen der Hindus vertreten, in den Medien mit Vorliebe zum Sündenbock erklärt. Kaum ein Journalist hielt es folglich für erwähnenswert, dass in Pakistan und Bangladesch aus Protest prompt Hunderte von Hindu-Tempeln zerstört wurden, doch jedes Mal, wenn sich die Zerstörung der unbenutzten Moschee jährt, wird sie erneut schärfstens verurteilt.

Die Philosophie der Hindus ist »Leben und leben lassen«. Und sie, die mit rund 80 Prozent die Mehrheit stellen, sind es, die in Indien das friedliche, faszinierend bunte Nebeneinander von über Tausend Millionen unterschiedlichster Menschen möglich machen, was in anderen Ländern Staunen hervorruft. Ihre Großzügigkeit zeigt sich derzeit (2006) selbst an der Spitze des Landes. So ist der Präsident ein Muslim, der Premierminister ein Sikh und die Vorsitzende der Kongresspartei, welche die Politik bestimmt, eine Christin und geborene Italienerin. Die Hindus halten eine Abgrenzung nicht für nötig. Sie sind so hundertprozentig davon überzeugt, dass alle Religionen den gleichen Gott verehren (denn wie könnte es anders sein, wo es nur einen gibt?), dass sie gar nicht merken, dass die offiziellen Vertreter von Islam und Christentum anderer Meinung sind. Denn diese behaupten, nur ihre Religion kenne den »einzig wahren« Gott, der nur ihre Glaubensbrüder und -schwestern rette und alle anderen als Ungläubige oder Heiden in die Hölle schicke.

Dass es heute überhaupt Hindu-Organisationen gibt, die die Interessen der Hindus vertreten und zum Beispiel den Tempel in Ayodhya bauen oder ein einheitliches Zivilrecht im Land einführen wollen, ist in erster Linie als Reaktion zu

Brahmanen-Priester vor einem Tempel in Ayodhya. Viele haben Familie und leben unter der Armutsgrenze.

verstehen, denn im Islam wie auch im Christentum hat der Fundamentalismus mit kräftiger finanzieller und sonstiger Unterstützung aus dem Ausland zugenommen, und er legt es darauf an, in Indien Zwietracht zu säen. Dschihad-Kämpfer provozieren die Hindus mit Bombenanschlägen vorzugsweise in Tempeln, die Tote und Verletzte fordern. Es finden sich natürlich überall Leute, die randalieren und Terror verbreiten, wenn sich Gelegenheit bietet, aber die Hindu-Organisationen sind weit weniger aggressiv. Weder begehen sie Terroranschläge noch versuchen sie, Andersgläubige zu bekehren. Erst seit relativ kurzer Zeit gibt es Ansätze, Hindus, die zum Islam oder Christentum übergetreten sind, wieder zum Hinduismus zurückzuführen, was regelmäßig einen Sturm der Entrüstung in den Medien auslöst. Dieselben Medien haben jedoch nichts dagegen, wenn christliche und muslimische Missionare Hindus mit unfairen Mitteln zum Übertritt bewegen.

Archäologen fanden einen Tempel unter der Moschee in Ayodhya. Mein Vorschlag, dass die Muslime als nette Geste den Bau eines Tempels erlauben könnten, nachdem der Ort für Hindus, nicht aber für Muslime wichtig ist und die Moschee ohnehin auf einem Tempel errichtet worden war, ließ den Blutdruck einiger meiner gebildeten, linksliberalen Freunde hochschnellen. Meine Meinung war, wie ich merkte, politisch unkorrekt und wurde als Hindu-fundamentalistisch verurteilt. Politisch korrekt ist, die religiösen Minderheiten in ihren Forderungen und Meinungen zu unterstützen, egal was ihre Führer fordern oder meinen, und sie nie zu kritisieren. Viele Inder – Hindus wie Muslime – merken allmählich, dass diese seit der Unabhängigkeit praktizierte, nachgiebige Appeasement-Politik weder zum Wohl des Landes noch zum Wohl der Minderheiten ist. Doch wer das laut sagt, wird von Linksintellektuellen ebenso wie von christlichen und muslimischen Organisationen, die alle ihre eigenen Gründe dafür haben, als »Hindu-Fundamentalist« verschrien. In Indien, im Gegensatz zum Westen, wissen viele, dass die Angriffe bestimmter politischer Parteien auf so genannte fundamentalistische Hindus die religiösen Minderheiten verunsichern und Wählerstimmen einbringen sollen. Es gibt in Indien über 150 Millionen Muslime, die das Wahlergebnis von rund einem Fünftel der Parlamentssitze entscheidend beeinflussen können. Mich wundert jedoch, mit welchem Eifer die englischsprachigen Medien in Indien das Gespenst vom Hindu-Fundamentalismus an die Wand malen – fast so, als würden sie dafür bezahlt.

Ein paar Jahre später fuhr ich mit dem Zug wieder durch Ayodhya. Es war früher Nachmittag und heiß. Ein junges Paar stieg zu und stand im Gang. Mir fielen Sita und Ram ein, denn beide waren von vollendeter Schönheit. Sie trug einen roten *Sari* und hatte dessen Ende über den Kopf gezogen. Das Henna-Muster an ihren Händen und die vielen Armreife verrieten, dass sie frisch vermählt waren. Er war ganz in Weiß gekleidet. Der Zug war voll. Wir saßen schon zu sechst auf den zwei Holzbänken, doch ich rückte unwillkürlich zur Seite, als ich sie im Gang stehen sah. Er deutete ihr an, sich neben mich zu setzen. Dann rückte man auch auf der anderen Bank zusammen und er setzte sich ihr gegenüber. Die Atmosphäre im Abteil war plötzlich verändert. Es war stiller geworden, so als hätten uns die beiden zu Bewusstsein gebracht, dass das Leben mehr Möglichkeiten in sich birgt, als nur gelangweilt zum Fenster hinauszuschauen und unter der Hitze zu stöhnen. Die Anziehung zwischen den beiden lag förmlich in der Luft. Das Abteil war eng und ihre Knie waren nah beieinander, doch sie berührten sich nicht.

Sie hielt die meiste Zeit den Blick auf ihre Hände gesenkt. Er schaute sie öfter aufmerksam an. Drei Stunden lang saßen sie in vollem Schweigen. Nur einmal beugte er sich vor und fragte auf Englisch: »Ist dir heiß?« Sie blickte kurz auf, lächelte und schüttelte den Kopf. Nur diesen einen Satz »Are you feeling hot?« in drei Stunden! Sie stiegen genauso ruhig aus, wie sie gekommen waren.

Der Guru oder die wichtigste Frage seit uralten Zeiten

Ich hatte inzwischen eine ganze Reihe von Artikeln für deutsche Zeitschriften geschrieben – über indische Philosophie und über Ereignisse, wie über die *Kumbh Mela* oder das *Ramlila*. Meine Schwester konnte verfolgen, was mich beschäftigte und wo ich mich aufhielt, und es war ihr anscheinend nicht geheuer.

»Dass du mir bloß keinem dieser Gurus auf den Leim gehst!«, warnte sie mich.

»Keine Gefahr«, beruhigte ich sie. Immerhin lebte ich bereits seit mehreren Jahren in der Umgebung von lauter Gurus und hatte immer noch keinen.

Ein Guru ist ein Lehrer und bezeichnet definitionsgemäß jemanden, der die Ignoranz vertreibt. Im spirituellen Bereich ist mit Ignoranz die felsenfeste Überzeugung gemeint, dass ich mein Körper mitsamt meinen Gedanken und Gefühlen bin, also eine vereinzelte Person, die nicht mit anderen verbunden ist. Der Guru, sofern er ein echter ist, erschüttert diese Überzeugung und zeigt dem Schüler, dass alles ein einheitliches Ganzes ist, dass sozusagen ein einziges Meer alle Wellen hervorzaubert bzw. dass alles in diesem Universum essentiell aus dem gleichen Stoff besteht. So weit hatte ich nichts gegen einen Guru einzuwenden, denn mir leuchtete die indische Sichtweise ein. Ja, ich hätte eigentlich einen Guru gebrauchen können, denn es ist nicht leicht, die herkömmliche, »offen-sichtliche« Vorstellung, eine separate, eigenständige Person zu sein, zu überwinden, trotz der phantastischen

Der Eingang zum Ramana-Aschram im südlichen Thiruvannamalai am Fuße des Arunachala-Berges

Hilfestellung durch die Quantenphysik. Doch ich war mir nicht sicher, ob es heutzutage noch wirklich große Gurus gibt, und außerdem schreckte ich vor dem absoluten Gehorsam zurück, der die Beziehung zwischen Guru und Schüler kennzeichnet. Ich wollte nicht von einem Menschen abhängig sein und hielt mich lieber an meinen inneren Guru und an verstorbene große Geister.

Ramana Maharshi (gestorben 1950) war eine Art Guru für mich. Er hatte im südlichen Thiruvannamalai am Fuße des Arunachala-Berges gelebt und war einer der ganz großen spirituellen Meister. Ramana Maharshi hatte mich in seinen Bann gezogen, als ich ziemlich zu Beginn meines Indienaufenthaltes ein Foto von ihm in einem Buch sah. Ich wusste damals nicht, wer er war, doch seine Augen strahlten so viel Mitgefühl, Verständnis und Weisheit aus, dass ich mir das

Buch kaufte. Ich bereute es nicht und verschlang die darin aufgezeichneten Gespräche mit ihm aus den dreißiger und vierziger Jahren des letzten Jahrhunderts. Und je mehr ich von Ramana las, desto mehr schätzte ich ihn.

Ramana Maharshi ist zweifellos einer der bedeutendsten spirituellen Lehrer überhaupt, und die heutige Generation westlicher Gurus bezieht sich überwiegend auf ihn. Der Engländer Paul Brunton, der in den dreißiger Jahren Indien auf der Suche nach Spiritualität und Wundern bereiste, hatte ihn durch seine Bücher im Westen bekannt gemacht.

»Finde heraus, wer du bist«, forderte Ramana Maharshi ausnahmslos jeden auf, der zu ihm kam. Diese Frage für sich zu klären, hielt er für enorm wichtig, denn es wird sich herausstellen, dass »ich« tatsächlich nicht eine separate Person bin und auch sonst nichts, auf das sich deuten oder das sich benennen lässt. Wenn wir glauben, dass wir eine kleine Person in einer großen Welt sind, liegen wir falsch, behauptete er. »Frag dich, wer du bist«, riet er. »Warte nicht auf eine verbale Antwort, sondern spüre dein Ich, bleib mit deiner Aufmerksamkeit dabei. Es wird klar werden, dass du das, was du zu sein glaubtest, gar nicht bist.«

Ramana Maharshi lag mir. Ich ahnte, was er mit »Das-Ich-Spüren« meinte. Einmal, im Nachtzug von Köln nach Paris, stand ich im Gang am offenen Fester. Es war dunkel, ich schaute zu den Sternen am Himmel hoch. Plötzlich traf mich mit voller Wucht, was ich bis dahin für selbstverständlich und nebensächlich gehalten hatte: »Es gibt mich! Ich bin und weiß, dass ich bin! Was für ein Wunder!« Intensivste Freude und Staunen durchfluteten mich. Ich war damals 20. Ramana Maharshi machte mir wieder bewusst, dass die Tatsache, dass *ich bin*, alle anderen Erlebnisse in den Schatten stellt. Alles andere ist im wahrsten Sinn des Wortes zweitrangig, denn die Grundlage für alles ist dieses formlose, bewusste Sein.

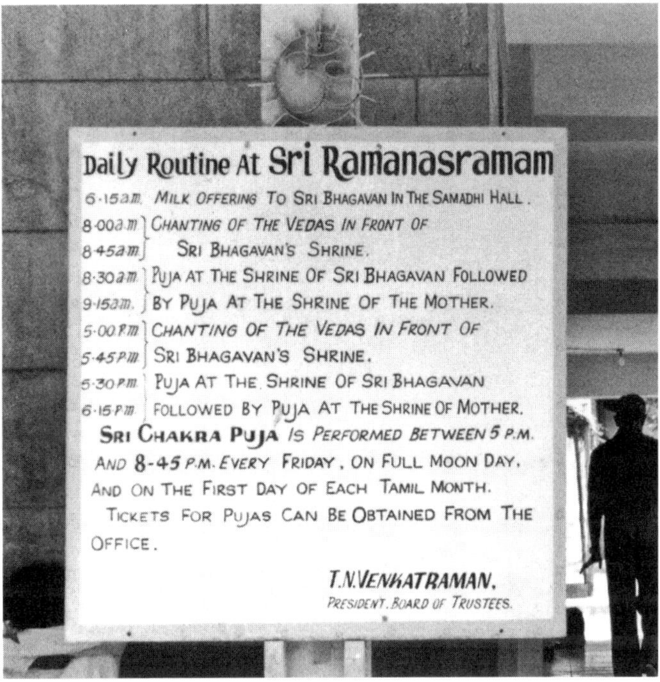

Die tägliche Routine. Vor allem die Rezitation der Veden von jungen Burschen ist ein schönes Erlebnis für die Zuhörer.

Ich besuchte Thiruvannamalai, den Ort, wo Ramana Maharshi über 50 Jahre lang gelebt hatte. Ich saß lange in der alten Meditationshalle und versuchte in mir zu entdecken, wer ich bin. Das Sofa, auf dem er fast 30 Jahre lang gesessen und Fragen der Besucher beantwortet hat, steht noch immer dort.

Auch in der Kantine fühlte ich mich zurückversetzt in eine frühere Zeit. Wir alle, über 100 Besucher des Aschrams, saßen in langen Reihen auf dem Boden, vor uns Bananenblätter, die wir mit etwas Wasser aus einem Becher besprengten und mit dem Handrücken säuberten. Dann kamen aus der Küche Brahmanen, Angehörige der Priesterkaste, wie

Priester aus der Brahmanenkaste schmücken die Ruhestätte (Samadhi) *von Ramana Maharshi mit Blumen.*

aus dem Bilderbuch. Die langen Haare am Hinterkopf zu einem Schopf zusammengesteckt, der nackte, kräftige Oberkörper, das Hüfttuch aus weißer oder orangefarbener Baumwolle hochgefaltet, dass es nur bis zu den Knien reicht, und natürlich barfuß, wie wir alle. Jeder trug einen Eimer und beförderte daraus Reis, Gemüse, Linsensuppe, Pickles, heißes Gewürzwasser, Buttermilch, Papadam, Süßspeise, je nachdem, mit Geschick und eindrucksvollem Tempo auf die Bananenblätter. Das Essen war gut, und es gab sogar mit Rücksicht auf die anwesenden Westler eine nicht-scharfe Variante.

Morgens und abends wurden an der blumengeschmückten Ruhestätte (*Samadhi*) von Ramana Maharshi in der blitzblanken, neue Halle die Veden rezitiert – von jungen Burschen mit hellen Stimmen, unter Anleitung ihrer Lehrer, wie vor 4000 Jahren. Womöglich haben sie damals sogar ähnlich ausgesehen – mit ihren schmalen Körpern, langen Haaren, nacktem, selbstbewusstem Oberkörper, einem weißen Baumwolltuch um die Hüften und frischen, wachen Gesichtern. Und vielleicht sind sie nach der Rezitation genauso flugs davongestürmt und haben sich in Lausbuben verwandelt wie ihre heutigen Nachfahren.

Vom Aschram aus führt ein Steinpfad den Berg hoch zu den beiden Höhlen, in denen Ramana Maharshi Anfang des letzten Jahrhunderts insgesamt 22 Jahre gelebt und die meiste Zeit davon geschwiegen hat. Der Aufstieg durch inzwischen dank eines Aufforstungsprogramms viel Grün dauert rund eine halbe Stunde, und ich ging mit einer Wasserflasche ausgerüstet öfter hoch und setzte mich in die Höhlen.

Mir gefiel besonders die Atmosphäre in der Virupaksha-Höhle, in der Ramana 17 Jahre lang gelebt hatte. Sie ist niedrig und dunkel im Innern. Ein Haufen Asche liegt dort, mit einem orangefarbenen Tuch bedeckt, auf einem Schrein. Die Geschichte dieser Asche ist bizarr:

Vor rund 300 Jahren lebte ein Yogi in der Höhle. Er wählte selbst den Zeitpunkt für seinen Tod, was unter Yogis keine Seltenheit ist, wollte jedoch nicht begraben werden, sondern in der Höhle bleiben. Er informierte seine Schüler über seinen Wunsch und bat sie, einige Tage lang die Höhle nicht zu betreten. Als sie schließlich in die Höhle eintraten, fanden sie statt seines toten Körpers nur dessen Asche. Diese Asche ist immer noch in der Höhle.

Ramana Maharshi ist seit über 50 Jahren tot, und doch zieht er immer noch alljährlich im Winter, wenn das Klima angenehm ist, viele Menschen aus aller Welt zu seinem *Samadhi*, wo er begraben ist. Es sammeln sich auch Gurus in der Stadt Thiruvannamalai, echte und nicht so echte, denn der Arunachala-Berg ist ein starker Kraftort. Die nicht so echten Gurus und deren Drahtzieher nutzen es gelegentlich aus, dass vor allem Westler schnell bereit sind, eine spirituelle Größe in jemandem zu sehen, wenn das Äußere dem Stereotyp eines Yogis entspricht.

Zum Beispiel strömte bei einem meiner Besuche in Thiruvannamalai jeden Nachmittag eine große Schar von Westlern über brachliegendes Land zu einem allein stehenden, neu gebauten Haus am Rande der Stadt, und ich ging ein paar Mal mit. Wir warteten ehrfürchtig und schweigend bzw. flüsternd im Garten, bis es dem Yogi genehm war, uns im Obergeschoss zu empfangen. Viele hatten Kekse oder Obst mitgebracht und legten es ihm zu Füßen. Er saß völlig nackt vorne auf einem Podium und war mit Asche beschmiert, blickte in die ihn anhimmelnden Gesichter um ihn herum und machte ab und zu eine Bemerkung, die regelmäßig Lachen auslöste – ein Lachen, das nach viel Wohlwollen klang und in der Umgebung von Gurus oft zu hören ist, denn es wurde selbst über banale Bemerkungen gelacht. Anschließend ließ der Yogi es sich nicht nehmen, persönlich an jeden von uns Kekse und Obst zu verteilen. Er stieg langsam durch die Reihen der dicht gedrängt am Boden Sitzenden – sein Penis direkt vor unseren Augen.

Der Strom von Besuchern zu ihm war versiegt, als ich ein paar Jahre später wieder einmal dort war, und ich fragte, warum. »Oh, er ist vertrieben worden, und zwar von den Leuten, die ihm das Haus zur Verfügung gestellt und ihn ursprünglich aufgebaut hatten«, erzählte mir ein Bekannter, der in Thiruvannamalai lebt.

Doch es gibt zweifellos auch echte Gurus. Mehrere Leute machten mich damals auf einen Guru aufmerksam, der, so hieß es, echt war. Sein Name war Ramsurat Kumar, und er wohnte in einem winzigen Häuschen direkt neben dem Tempel. Später, einige Jahre bevor er starb, bauten wohlhabende Anhänger einen großflächigen Aschram für ihn am Rande der Stadt, den es immer noch gibt. Ich klingelte und ein Mann, eingewickelt in verschiedene Lagen von Tüchern und mit einem Turban auf dem Kopf, öffnete mir. »Kann ich Ramsurat Kumar sprechen?«, fragte ich. Er deutete mir an hereinzukommen und setzte sich. Er war es selbst.

Der Arunachala-Berg, der als eine Verkörperung Shivas verehrt wird. Ein Sadhu *ruht sich in seinem Schutz aus.*

»Braucht man einen Guru?«, fragte ich unter anderem. Er wartete lange mit seiner Antwort und reagierte dann unwirsch: »Ich bin kein Philosoph. Stelle einem Philosophen eine solch philosophische Frage.«

Ich änderte meine Frage ab: »Brauche *ich* einen Guru?« Er wartete wieder lange, schaute über meinen Kopf hinweg und sagte dann: »Geh zu Satya Sai Baba.«

Ich darauf: »Aber ich will gar keinen Guru.«

Er platzte fast vor Lachen: »Wenn du keinen Guru willst, dann nimm keinen Guru. Aber es ist trotzdem gut, wenn du zu Sai Baba gehst.«

Ich folgte seinem Rat und fuhr zu Satya Sai Baba nach Puttaparthi. Ein Grund war sicher, dass ich inzwischen zwar viel über indische Weisheit wusste, dass dieses Wissen mir auch in gewisser Weise im Leben half, aber für mich immer noch Theorie blieb und nicht wirklich spürbar war, dass ich aufs Engste mit allem verbunden bin. Ich hoffte, dass ein Guru mir helfen könnte, diese Einheit als wahr zu erfahren. Bald darauf hatte ich dann einen Guru – worüber meine Schwester vermutlich nicht erfreut war.

Wunder, Glaube und Hoffnung: Bei Satya Sai Baba in Puttaparthi

SATYA SAI BABA WAR IN DEN ACHTZIGER JAHREN wohl der bekannteste Guru Indiens. Sein Ruf beruhte vor allem auf den erstaunlichen Wundern, die er seit seinem 14. Lebensjahr (das war 1940) vollbrachte: Wasser-in-Benzin-Umwandlungen, Essensvermehrungen, Heilungen bis hin zur Erweckung von Toten wurden von respektablen Mitgliedern der Gesellschaft bezeugt. Er, ein Junge aus dem hintersten Dorf mit nur wenig Schulbildung, ist zu einer der bekanntesten Figuren Indiens geworden und zieht aus der ganzen Welt Verehrer an. Millionen bezeichnen sich als seine Anhänger.

Auch ich hatte bereits in meinen ersten Wochen in Indien, im Dschungel von Kerala, von ihm gehört. Doch es waren gerade seine Wunder, die mich skeptisch machten. Ein spiritueller Meister, der seine übernatürlichen Kräfte zur Schau stellt und damit ungeheuere Massen anzieht, kann nicht echt sein, dachte ich. Im Lauf der Zeit weichte meine ablehnende Haltung Satya Sai Baba gegenüber jedoch auf. Denn ich begegnete mehreren seiner Anhänger, die mir vorschwärmten, dass sie bei ihm gefunden hätten, wonach sie immer gesucht hatten. Ich sah keinen Grund, ihnen nicht zu glauben, und fand, dass ich mir kein Urteil über jemanden erlauben konnte, der offenbar in einer anderen als der üblichen Bewusstseinsdimension zu Hause ist. Außerdem hatte er selbst erklärt, dass die Wunder auf ihn als *Avatar*, als volle Verkörperung Gottes, aufmerksam machen sollten. Sie wären nur eine Art Visitenkarte. Viel wichtiger wäre das, was zu lehren er gekommen sei.

Prasanthi Nilayam, der »Ort des höchsten Friedens«, wie der Aschram von Satya Sai Baba in dem Dorf Puttaparthi heißt, war der größte Aschram, den ich je gesehen hatte. In der trockenen, hügeligen Steinlandschaft im Staat Andhra Pradesh, drei Stunden nördlich von Bangalore, war fast eine kleine Stadt entstanden. Zuerst fuhr ich mit dem Bus an diversen Schulen und Colleges, einem Planetarium und Krankenhaus sowie einem Freilicht-Stadion, das 100 000 Besucher fasst, vorbei, die vor den Toren des Aschrams an der Straße nach Bangalore lagen. Alle Gebäude waren in zarten Pastellfarben – Rosa, Hellblau und Gelb. Sie machten auf mich den Eindruck, als ob sie aus einer Zuckerbäckerei mitsamt den dort gängigen Verzierungen stammten. Im Aschram selbst gab es mehrere Appartementblocks, Bürogebäude, Ladenzeilen, fünf Rundhäuser, 30 große Schlafhallen (die inzwischen weiteren Appartementblocks gewichen sind), Kantinen, ein riesiges Auditorium und im Mittelpunkt den Tempel mit dem *Darshan*-Platz davor. Auch dort war alles in Rosa, Hellblau und Gelb gehalten und anscheinend frisch gestrichen.

Bereits vom Bus aus fielen mir die vielen Ausländer auf. Sie sahen alle überraschend ordentlich aus. Denn sonst achten vor allem die jungen Westler in Indien kaum auf ihre Kleidung, im Gegensatz zu den Indern, die normalerweise picobello angezogen sind. Selbst die Armen haben selten nur Shorts und weiße T-Shirts an, die in Indien als Unterhemden gelten.

Ich merkte bald, warum die Ausländer im Aschram alle so ordentlich aussahen. Im Public-Relations-Büro des Aschrams drückte mir ein streng wirkender, ganz in Weiß gekleideter Mann einen Zettel in die Hand mit detaillierten Vorschriften, wie man sich zu kleiden und zu benehmen hatte. Zum

Beispiel sollte ich Schultern und Brust zusätzlich mit einem Schal bedecken und fortan keinen Mann mehr ansehen.

Weiter hieß es: »Du bist von so weit hierher gekommen, hast Freunde und Familie zurückgelassen, weil du dich spirituell weiterentwickeln willst. Nutze also deine Zeit hier, schließe keine neuen Bekanntschaften und vertue deine Zeit nicht mit belanglosen Gesprächen. Konzentriere dich ausschließlich auf deine Beziehung zu Satya Sai Baba.«

Ich nahm also anfangs keinen Kontakt mit anderen auf – bis auf den notwendigen Austausch. Zum Beispiel fragte ich nach meinem Einzug eine Deutsche im Zimmer neben mir, ob das Wasser im Bad Trinkwasser sei.

»Wenn du kein Vertrauen in Baba hast, kann ich dir auch nicht helfen«, war ihre unerwartet schroffe Antwort, die vermuten ließ, dass das Leben im Aschram trotz des relativen Komforts nicht leicht war.

Dann, am späten Nachmittag, sah ich Satya Sai Baba zum ersten Mal aus der Nähe. Es waren schätzungsweise 2000 Menschen auf dem Tempelvorplatz versammelt, die alle in geraden Reihen und in ordentlicher Kleidung im Sand saßen. Sai Baba kam aus dem Tempel, in dessen Obergeschoss damals noch seine Wohnung lag, sprach auf der Veranda mit einigen Studenten seiner Schulen und ging dann zuerst auf der Frauenseite die Reihen entlang. Er wirkte klein und zierlich. Keiner redete. Alle waren auf ihn konzentriert. Einige streckten ihm Briefe entgegen, andere versuchten seine Füße zu berühren. Sein Blick streifte mich nur kurz.

Der erste Eindruck war nicht umwerfend, doch ich hatte mir vorgenommen, ihm gegenüber offen zu sein, und gab ihm einen gewissen Vertrauensvorschuss.

Zwei Tage nach meiner Ankunft hörte ich Sai Baba anlässlich eines der vielen indischen Feste eine Rede halten. Seine Stimme klang hell und munter. Er machte nach jedem Satz eine Pause für den Übersetzer. Der hielt seinen Kopf starr in den Nacken gelegt und sprach durch die Nase. Das Zuhören war anstrengend, aber ich hatte inzwischen ein Ohr für das indische Englisch entwickelt.

»Von den Gedanken hängt ab, was für ein Mensch man ist«, erklärte Sai Baba. »Gute Gedanken machen einen guten Menschen, schlechte Gedanken einen schlechten Menschen und Gedanken an Gott einen göttlichen Menschen. Ob Gott nah oder fern ist, hängt ebenfalls von den eigenen Gedanken ab.«

»Ganz wichtig ist ein starker Charakter«, betonte er. »Guter Umgang ist wesentlich für die Charakterschulung, gute Gesellschaft, welche die Göttlichkeit im Menschen sieht. Diese Göttlichkeit ist in jedem menschlichen Herzen als reine Liebe in potenzieller Form vorhanden, und diese Göttlichkeit, diese Liebe muss sich im Leben manifestieren.«

Sai Baba stand auf dem Boden der alten indischen Weisheit und er hatte eine eingängige Art, diese Weisheit zu vermitteln.

So zog er zum Beispiel sein Taschentuch heraus. »Das ist mein Taschentuch«, erklärte er. »Ich bin nicht das Taschentuch, es ist getrennt von mir, gehört mir. Ähnlich ist das mein Körper. Ich bin nicht der Körper. Ich bewohne ihn vielmehr. Frag dich, forsche danach, was dieses Ich ist.« Und er gab auch gleich die Antwort: »Dieses Ich ist Gott.«

Zur weiteren Illustration nahm er den Becher auf seinem Rednerpult in die Hand. »Das ist ein Becher. Aber anders gesehen ist dieser Becher nichts als Silber. Name und Form sind veränderlich. Zum Beispiel kann ein Schmied aus dem Becher einen Armreif machen. Das Silber ist das Wesentliche. Ohne Silber kein Becher und auch kein Armreif!«

Er betonte im Einklang mit der indischen Weisheit, dass es Gedanken sind bzw. mentale Aktivität, denn auch Gefühle, Erinnerungen, Hoffnungen, Vorstellungen sind eingeschlossen, die uns die Sicht auf die Wahrheit verbauen, ähnlich wie der Becher den Blick auf das Silber verstellt. »Diese Wahrheit lässt sich nicht mit Gedanken und deshalb auch nicht mit dem Intellekt erlangen. Wer dies hofft, ist mit jemandem zu vergleichen, der den Bühnenvorhang analysiert und dadurch hofft, die Bühne zu sehen.«

Am Schluss seines Vortrages begann er zu singen, und er sang gut: »Hari bhajana bina suka shanti nahin« (Ohne Gottesanbetung kein Frieden). Tausende wiederholten jede Strophe. Die Halle vibrierte. Ich fühlte mich völlig vom Klang umhüllt und den Tränen nahe. Ich hatte selten eine solch massive und unmittelbare Gottesanbetung erlebt. »Ohne Meditation keine Vereinigung mit Gott«, dröhnte es um mich und schließlich mit unüberbietbarer Lautstärke: »Ohne Gott kein Einziger von uns.«

War das nun Massenhypnose oder war einfach ein geeigneter Rahmen gegeben, der Sehnsucht nach Gott Ausdruck zu verleihen? Die Leute im Auditorium wirkten völlig normal. Viele Ausländer waren darunter, und vor allem die Italienerinnen waren herausgeputzt in teuren Seidensaris, mit riesigen Ohrgehängen und gepflegter Frisur. Sie wirkten, als seien sie geradewegs aus einem schicken Straßencafé in Rom oder Florenz gekommen.

Bald hatte ich dann mein erstes »Interview«, wie die Gespräche in kleinen Gruppen mit Satya Sai Baba genannt werden. Eine Holländerin, die beim *Darshan* neben mir saß, bat Sai Baba um ein Interview für die holländische Ländergruppe. Es formierten sich im Aschram viele solche Ländergruppen, denn sie hatten bessere Chancen, zu einem Interview gerufen zu werden, als Einzelpersonen, es sei denn, man war ein VIP. Ich hatte mich keiner Gruppe angeschlossen und erkannte plötzlich meine Chance: »Baba, kann ich mich der Gruppe anschließen?«, fragte ich, als die Holländer um mich herum alle freudig aufstanden und zur Tempelveranda eilten. Er nickte und ich hörte ein Yes. Ich folgte den Holländern

Satya Sai Baba auf der Tempelveranda in seinem Aschram Prasanthi Nilayam in Puttaparthi

und wartete mit ihnen auf der Veranda, bis Sai Baba vom *Darshan* zurückkam. Die Holländer gaben mir zu verstehen, dass er nur die holländische Gruppe gerufen hatte, und mir kamen plötzlich Zweifel. Hatte ich es falsch verstanden? Wird er mich vor 2000 Leuten auf dem Platz zurückschicken? Ich war erleichtert, als er mich zusammen mit den Holländern ins Zimmer hereinwinkte. Es war schön, so nah bei ihm zu sein, und ich mochte ihn gleich viel lieber. Auch was er sagte, gefiel mir. Er deutete zum Beispiel auf sich und sagte im Brustton der Überzeugung: »Ich bin Gott.« Dann deutete er auf einen jungen Mann neben sich: »Und du bist auch Gott«, und dann auf mich: »Und du bist auch Gott. Der Unterschied ist, dass ich es weiß und du nicht.« So gesehen war seine Behauptung, eine volle Verkörperung Gottes zu sein, viel leichter zu akzeptieren. Er fragte uns auch, ob wir wüssten, was selbst Gott nicht kann? Wir überlegten hin und her, doch niemand wagte eine Antwort. »Er kann dich nicht verlassen«, sagte er triumphierend.

Beim zweiten Interview ein paar Monate später machte er gegen Ende die berühmte kreisende Armbewegung und hatte plötzlich einen Anhänger mit seinem Bild auf der Vorder- und »Om«, der heiligsten Silbe der Inder, auf der Rückseite in seiner Hand. Er gab ihn mir, und ich war selig. Ausgerechnet eines seiner Wunder, die ich früher so argwöhnisch betrachtet hatte, ließ meine Wertschätzung für ihn wachsen. Mein Ego fühlte sich zweifellos geschmeichelt, denn ein Interview war ein begehrtes und äußerst seltenes Geschenk. Doch ich hatte mich außerdem auf meine Art davon überzeugt, dass Sai Baba echt sein musste und das war, was er von sich behauptete.

Ich war zu diesem Schluss auf folgende Weise gekommen: Würde Sai Baba lügen und nicht das sein, was er von sich so selbstverständlich behauptet, dann hätte sich schon längst ein gewisser »Abstieg« bei ihm einstellen müssen. Zumindest hätte er die Fähigkeit zum Wunderwirken verlieren müssen. Doch offensichtlich erfreut er sich seit über 50 Jahren eines steten Zuwachses an Macht und Popularität, was er übrigens schon in seiner Jugend vorausgesagt hat. Und auch Wunder bewirkt er immer noch ... Also muss er echt sein.

Ich selbst habe zwar kein Wunder erlebt, außer einem Traum: Als ich einmal recht unzufrieden darüber war, einen Massenguru als Guru zu haben, kam mir der Gedanke: »Er kennt nicht einmal meinen Namen.« In derselben Nacht träumte ich von Sai Baba. Er stand an einer kleinen Brücke, das Auto hinter sich geparkt. Er rief zu mir über die Brücke: »Maria, come here.« Noch im Traum kam mir: »Oh, er kennt doch meinen Namen.« Sai Baba behauptet übrigens, dass niemand von ihm träumen kann, außer er will es.

Bekannte, die ich im Aschram traf, hatten eindrucksvollere Geschichten auf Lager. Barbara, eine Freundin aus Hamburg, war sich zum Beispiel sicher, dass sie ihn in Hamburg hatte vorbeiradeln sehen. Er lachte sie an, grüßte und war dann plötzlich verschwunden. Eine andere Bekannte aus Deutschland sah ihn bei sich in der Wohnung. Er legte sich neben sie aufs Bett, und sie war selig mit ihm als zärtlichem Liebhaber.

Es gab neben meiner Schlussfolgerung noch weitere Aspekte, die mein Vertrauen in Sai Baba stärkten: Es gab nicht nur viele nette Leute im Aschram, selbst die Spitzen der Gesellschaft zog es zu ihm hin. Der indische Präsident, der Premierminister, der oberste Richter des Landes, Gouverneure, Mitglieder des Parlaments, Vizekanzler von Universitäten, superreiche Geschäftsleute aus Hongkong oder Amerika, Wissenschaftler aus aller Welt, Filmschauspieler – sie alle kamen während der Jahre, die ich im Aschram lebte, zu Sai Baba. Er war sozusagen ein öffentlich anerkannter Heiliger. Können sich so viele Leute in Bezug auf seine Echtheit täuschen? Ich glaubte es nicht und war froh, dass ich Sai Baba als Guru gewählt hatte, denn es war nicht leicht, das sagte Sai Baba selbst, sich jemandem anzuvertrauen, der noch lebt. Es sei viel leichter, wenn jemand schon gestorben ist, womit er sicher Recht hat.

Nun, da ich davon überzeugt war, dass Sai Baba eine bewusste Verkörperung Gottes ist, glaubte ich ihm natürlich auch alles andere, was er behauptete – zum Beispiel, dass er in den Herzen aller wohnt und weiß, was in ihnen vorgeht. Und dass sein *Darshan* uns spirituell weiterbringt. Ich bat ihn eindringlich, mich die Wahrheit erkennen zu lassen. Der ganze Tag war auf ihn hin ausrichtet. Was immer mir begegnete, brachte ich mit ihm in Verbindung. Es war eine ideale Situation, »Dein Wille geschehe« zu lernen und anzunehmen, was kommt.

Da direkter Kontakt mit Sai Baba eher die Ausnahme war, waren Spekulationen über das, was Baba »will«, unter seinen Anhängern die Regel.

Um Selbstverwirklichung zu erreichen, muss zuerst das schlechte Karma abgebaut werden, war zum Beispiel eine solche Spekulation. Und je schlechter es einem ging, desto mehr Karma wurde angeblich abgebaut. Wenn ich zum Beispiel Fieber hatte, trösteten mich Bekannte wohlmeinend: »Baba reinigt dich.« Ich konnte froh sein, vermutlich besonders über die lebensgefährlichen Malaria-Anfälle, die ich alljährlich im Aschram hatte.

Andererseits ließ Sai Baba uns hoffen, dass eines schönen Tages plötzlich die Wahrheit enthüllt steht, auch wenn wir bisher keinen Fortschritt spüren. Er gab uns ein Beispiel: Ein Bildhauer schlägt lange und hart auf einen Stein ein, bis der sich schließlich in eine Götterstatue verwandelt. Erfolg sei garantiert, auch wenn es wehtut – denn der Bildhauer sei Gott persönlich.

Ich vertraute darauf, dass wenn es mir schlecht ging, es für irgendetwas gut war. Ich war oft krank, hatte keine Energie und litt seelisch, wenn Sai Baba mich lange genug links liegen ließ. Das ging nicht nur mir so.

»Was machst du denn für ein Gesicht?«, fragte ich einmal Bettina, eine Deutsche, die schwer gebeutelt aussah. »Mir geht es nicht gut. Baba arbeitet an mir«, war die typische, resignierte und doch hoffnungsvolle Antwort. Wir bestätigten uns gegenseitig in dem Glauben, dass Sai Baba schon weiß, was er uns zumutet, und dass alles zum Besten ist – und wir einfach nur Geduld brauchen.

Mord im Tempel und andere seltsame Vorgänge

FAST SIEBEN JAHRE LEBTE ICH im Aschram von Sai Baba. Einige Jahre lang hatte ich wie Tausende andere in den großen Schlafhallen, die Flüchtlingslagern mit je über 100 Insassen ähnelten, oder zu viert in kleinen Zimmern gehaust. Doch in den letzten zwei Jahren war es für mich leichter geworden. 1991 war mir nach mehrjähriger Wartezeit von Sai Baba ein »eigenes« Zimmer zugeteilt worden. Ich hatte sogar eine kleine Küche zur Verfügung und genoss den Luxus eines Gasherds und eines Kühlschranks.

Es ging mir nicht wirklich schlecht, aber auch nicht gut. Ich fand das Leben mühselig. Auf meiner Wunschliste, die ich Sai Baba in regelmäßigen Abständen präsentierte, bat ich oft, dass das Leben nicht mehr allzu lange dauern möge. Meine Begegnung mit Anandamayi Ma sowie der Verlust eines lieben Freundes, der mit nur 30 Jahren in Pondicherry im Meer ertrank, hatten meine Einstellung zum Tod bereits ganz zu Beginn meiner Zeit in Indien verändert. Sterben war nicht mehr das tragische Ende und der endgültige Schlussstrich, sondern eher eine Erholungspause.

Ich merkte nicht, dass ich so oder so auf die Zukunft ausgerichtet war. Einerseits sehnte ich mich danach, aussteigen zu dürfen, und andererseits hoffte ich, dass sich irgendwann einmal die Erleuchtung einstellen würde. Ich glaubte, dass Sai Baba mir helfen könne, die Wahrheit zu erkennen, glaubte aber auch, dass sich in meinem Leben substanziell etwas verändern müsse, bevor Erfüllung möglich würde. Ich

Satya Sai Baba geht die Sitzreihen auf der Frauenseite des Tempelvorplatzes entlang und nimmt Briefe in Empfang.

versuchte deshalb ehrlich, Sai Babas Ratschläge in die Tat umzusetzen. Er hatte unzählige, eingängige Sprüche auf Lager – zum Beispiel: »See good, do good, be good.«

Doch mein Leben war nicht nur schwer. Ich sah auch die Vorteile: Ich lebte relativ bequem in einem warmen Klima, brauchte so gut wie kein Geld und traf Leute aus der ganzen Welt – von Chile bis Japan und von Grönland bis Fidschi. Nach einiger Zeit fiel mir kaum noch auf, dass die »Leute«, die ich traf, alle Frauen waren. Nur wenn jemand verheiratet war oder einen Bruder dabeihatte, wechselte ich gelegentlich mit einem Mann ein paar Worte oder bei den Gruppentreffen der Deutschen, zu denen ich jedoch selten ging.

Ich hätte mir früher nicht vorstellen können, nur unter Frauen zu leben, aber inzwischen fand ich es nicht weiter tragisch. »Wenn du willst, dass ich für den Rest meines Lebens hier im Aschram sitzen soll, ist es auch in Ordnung«, sagte ich zu Baba – innerlich, denn es gab selten Gelegenheit, mit ihm zu sprechen. Doch ich war mir sicher, von gelegentlichen

Zweifeln abgesehen, dass er wusste, was ich ihm sagte und wie es um mich stand.

Das Leben im Aschram war relativ ereignislos. Doch ein straffes Tagesprogramm hielt uns auf Trab und vermittelte das Gefühl, voll beschäftigt zu sein.

Es fing morgens um 5 Uhr mit Om-Singen im Tempel an, was ich jedoch fast immer ausfallen ließ. Gegen 6 Uhr strömte dann jeder eiligen Schrittes zu einem Vorplatz vom *Darshan*-Platz, wo sich allmählich 20 bis 30 Reihen bildeten und bald eine wichtige Entscheidung fiel: ob man beim *Darshan* vorne oder hinten sitzt. Die erste Person in jeder Reihe zog nämlich aus einem Beutel eine Nummer. Diese Nummern bestimmten die Reihenfolge, in der wir auf den *Darshan*-Platz marschierten. Es dauerte meist lange, bis Sai Baba schließlich auf der Veranda erschien, seine Runde drehte und einige zu einem Interview in den Tempel rief. Die ordentlichen Reihen lösten sich dann auf und die Menge strömte zum Frühstück in die Kantine.

Um 9 Uhr ging das Programm bereits weiter mit *Bhadschans*, religiösen Liedern mit flottem Rhythmus, bei denen Sai Babas Studenten vorsangen und er sich selbst meist kurz blicken ließ. Das war Anstoß genug, dass der Tempel und der Platz davor wieder voller Menschen waren. Um 10 Uhr gab es dann einen Vortrag für Ausländer von Leuten, die Baba nah standen, und um 11 Uhr machten die Kantinen zum Mittagessen auf.

Nach einer Siesta und einer Dusche wickelten wir uns gegen 3 Uhr wieder in *Saris*, und die Prozedur mit den Reihen auf dem Vorplatz, Nummern ziehen, auf den *Darshan*-Platz marschieren, warten, Erscheinen von Baba, wiederholte sich. Nach einer kurzen Teepause ging es dann um 6 Uhr abends weiter mit *Bhadschans*. Danach waren die Läden geöffnet. Die kühle Abendstimmung war ideal, um sich mit Bekannten auf ein Eis zusammenzusetzen.

Eines Tages erhielt dieser friedliche Ablauf einen Riss: Am 6. Juni 1993, abends gegen 10 Uhr, heulte plötzliche eine Sirene im Tempel. Als ich am nächsten Morgen gegen 6 Uhr mein Zimmer verließ, begrüßte mich meine Nachbarin aus Malaysia auf der gemeinsamen Veranda mit den Worten: »Heute Nacht gab es sechs Tote im Tempel.« Ich konnte es kaum glauben. Auf dem Weg zum *Darshan*-Platz standen überall Grüppchen von Leuten zusammen, die voller Entsetzen miteinander tuschelten. Ich stellte mich zu einer und erfuhr, was passiert war:

Vier mit Messern bewaffnete Männer waren am späten Vorabend in den Tempel eingedrungen, hatten im Erdgeschoss den Fahrer von Satya Sai Baba und einen der Studenten, die sich auf der Veranda aufhielten, erstochen, den herbeieilenden Koch verletzt und waren dann die Treppe hoch in die Wohnräume Sai Babas im Obergeschoss gestürmt. Sai Baba hatte derweil die Sirene ausgelöst, seine Wohnung über eine Veranda verlassen und den Riegel der Verandatür von außen vorgeschoben. Die Angreifer saßen in der Falle, denn die Sirene hatte im Nu Polizisten, Aschram-Bewohner und Leute aus dem Dorf auf den Plan gerufen, die ihnen den Rückweg versperrten. Die vier Männer wurden von der Polizei erschossen.

Was viele schockierte, war die Tatsache, dass die Attentäter sämtlich ehemalige Studenten von Sai Babas College waren bzw. aus dem engen Umkreis von Sai Baba stammten. Auch der Zeitpunkt der Schüsse, welche die Attentäter töteten, war merkwürdig. Sie fielen nämlich mitten in der Nacht, einige Stunden, nachdem diese gestellt worden waren.

Der Aschram erklärte das Ganze zur internen Angelegenheit. Eifersucht sei das Motiv gewesen, sagte Sai Baba. Wer eifersüchtig auf wen war, wurde nicht spezifiziert. Es dauerte nicht lange, und der Vorfall war kein Thema mehr für die Zeitungen. Im Aschram wurde jedoch offen spekuliert, dass

Sai Baba selbst die Anweisung zum Erschießen der Angreifer gegeben habe.

»Sai Baba weiß, was er tut«, war dennoch die vorherrschende Meinung unter uns, seinen Anhängern. Wir waren überzeugt, dass Sai Baba nichts aus Eigeninteresse tut und alles, was er tut bzw. was geschieht, zum Besten ist. Schließlich gibt es überall auf der Welt Mord und Totschlag mit Gottes Einwilligung. Warum sollten sie also nicht in der unmittelbaren Umgebung des *Avatar* vorkommen?

Ein paar Wochen später stattete der indische Präsident Sai Baba wieder einen Besuch ab. Es war ein Zeichen, dass alles beim Alten blieb. Allerdings folgten Sai Baba nun bei seinen Rundgängen Sicherheitsbeamte, und an den Eingängen zum *Darshan*-Platz wurden Metalldetektoren installiert. Das Aschram-Personal, das auch vorher keinen Preis für Freundlichkeit verdient hätte, schien seine neue Aufgabe, jeden wie einen potenziellen Mörder zu behandeln, zu genießen.

»Sai Baba sagt: ›Hilf immer, verletze nimmer‹«, meinte eine der netteren freiwilligen Helferinnen einmal, als wir in den Reihen auf dem Vorplatz saßen und auf den Beutel mit den Nummern warteten. »Hier gilt«, und sie deutete zur Verstärkung mit ihrem Zeigefinger ein paar Mal auf den Boden: »Hilf nimmer, verletze immer.« Die, die es hörten, lachten.

Das Leben im Aschram ging wie gewohnt weiter, doch die Zahl der Besucher war geschrumpft. Hauptsächlich Inder blieben weg, nicht Ausländer, denn die wussten meistens von nichts. Zum ersten Mal strömten nun auch Leute aus dem Dorf in großer Zahl zum *Darshan*. Sie skandierten Rufe, dass Baba lange leben möge. Möglicherweise war ihnen erst bei diesem Zwischenfall klar geworden, dass die Prosperität von Puttaparthi aufs Engste mit Sai Baba verbunden war. Würde es ihn nicht mehr geben, könnten die ganzen Stoff-, Andenken-, Buch- und sonstigen Läden sowie die Restaurants und Hotels zumachen.

Vier Wochen später hielt Sai Baba anlässlich eines Festes eine Rede. Das Auditorium war voll gepackt mit Menschen. Ich saß mit einigen Bekannten draußen im Sand und hörte über Lautsprecher zu. Sai Baba nahm zu verschiedenen Vorwürfen Stellung, von deren Existenz ich noch gar nichts gehört hatte und die mich überraschten: »Leute behaupten, dass Millionen über Millionen von Rupien in falsche Kanäle wandern«, sagte er zum Beispiel, und: »Das ist eine reine Lüge. Jeder Pfennig wird für heilige Zwecke benutzt.«

Er äußerte sich auch dazu, warum er seinen 41-jährigen Fahrer, der ihm Tag und Nacht viele Jahre lang zu Diensten gewesen war und der, so ging das Gerücht um, in Kürze eine Italienerin heiraten wollte, nicht gerettet hatte.

»Ich hatte ihm um 7 Uhr gesagt, er solle zu mir nach oben kommen, aber er wollte nicht. Er sagte, er wolle noch nicht schlafen. Seht, alles, was Swami (damit meinte er sich) sagt, ist zu euerem Besten.«

Zum Schluss listete er auf, was er alles zu seinem 70. Geburtstag im November 1995 verschenken werde: 70 Traktoren, 70 Nähmaschinen, 70 Häuser etc.

Die Rede wurde gedruckt und fand reißenden Absatz. Bei mir hatte sich schon beim Zuhören und mehr noch, als ich seine Rede schwarz auf weiß vor mir sah, Unbehagen gemeldet: ein *Avatar*, der sich gegen Vorwürfe verteidigt und der sich mit der Ankündigung von Geschenken, die erst zwei Jahre später fällig würden, in ein gutes Licht rücken will? Doch das Unbehagen verschwand langsam wieder. Die meisten von uns sahen es als Test für unseren Glauben. Sai Baba hatte selbst gesagt, dass er bald die Spreu vom Weizen trennen würde und viele ihn verließen. Und wer würde nicht gern zum Weizen gehören?

Dennoch hatte mein starkes Vertrauen in Sai Baba durch dieses Attentat einen ersten Sprung erhalten. Ein paar Monate später kam ein weiterer, endgültiger Sprung hinzu.

Karin, eine Ärztin aus München, kam eines Abends zu mir ins Zimmer. »Maria, ich muss mit dir reden«, sagte sie aufgeregt. »Ich muss es unbedingt loswerden.« Der Grund: Karin hatte zum ersten Mal gehört, dass Satya Sai Baba jungen Männern Öl auf den Penis reibt. Ich wusste es schon und glaubte die offizielle Version, dass er es tut, um die Kundalini-Kraft, die ungeheure Energie, die am untersten Chakra, am Ende der Wirbelsäule aufgerollt liegt und im Normalfall dort »schläft«, aufzuwecken. Karin war nicht bereit, das ohne weiteres zu schlucken, und wollte auf jeden Fall mehr herausfinden.

Sie kam am nächsten Abend wieder und erzählte mir, was ihre Nachforschungen ergeben hatten. »Es ist schlimmer, als du es dir vorstellst«, eröffnete sie mir. »Er tut es sogar mit den Buben aus der Grundschule und die schämen sich, es zu erzählen. Aber es wird ihnen schlecht davon und sie müssen sich übergeben, erzählten mir die Eltern einiger Schuljungen. Die Buben sind von ihm abhängig, das heißt, was er tut, ist kriminell.«

Langsam regten sich nun auch bei mir Zweifel, denn in den alten Tantra-Texten steht, dass die Kundalini-Erweckung mit Hilfe sexueller Energie nur bei spirituell fortgeschrittenen Schülern in Angriff genommen werden darf. Karin sagte schließlich einen Satz, den ich wiederum nicht schlucken konnte: »Ich habe Sai Baba viel zu verdanken, und er bleibt mein Freund. Aber in dieser Sache braucht er, glaub ich, Hilfe.«

Ein *Avatar* bzw. Gott persönlich, der Hilfe braucht? Dann ist er für mich kein *Avatar* und kein Guru.

Karin hatte ein Lauffeuer in unserem Bekanntenkreis entfacht, das Thema tauchte nun in allen Gesprächen auf. Susanne, eine gestandene, selbstbewusste Deutsche um die 60, die ich zum Frühstück einlud, meinte: »Ich hab' meinem Mann schon bei unserem ersten Besuch hier gesagt: ›Der (Sai

Baba) ist nicht nur weiß.‹« Und sie fügte großzügig hinzu: »Aber soll er doch auch seinen Spaß haben.«

Die Öleinreibungen waren eine Sache. Doch nun kamen auch andere, härtere Geschichten zum Vorschein, natürlich immer nur aus zweiter Hand, von männlichen Freunden einiger Bekannten, und nicht verifizierbar.

Ich sprach mit Tamara, einer Russin, darüber. Sie hatte in Russland eine Vision von Sai Baba gehabt. Er hatte ihr gesagt, sie solle zu ihm nach Indien kommen. Sie kam – ohne Geld und ohne zu wissen, warum er sie rief. Wir saßen stundenlang in meinem Zimmer und redeten. Ich mochte Tamara, doch ich merkte, dass ich nicht mehr den starken Glauben in Sai Baba hatte, den sie noch zur Schau stellte.

Ich schrieb einen Brief an Sai Baba, schrieb, dass das, was ich über ihn hörte, schwer zu rechtfertigen sei und ich wissen müsse, ob er echt ist. Die Frau am Anfang meiner Reihe zog prompt das Plättchen mit der Eins aus dem Beutel. Sai Baba nahm meinen Brief und schaute mich nett an. Beim nächsten *Darshan* saß ich schon wieder in der ersten Reihe und freute mich darüber. Wahrscheinlich hat Tamara Recht, dachte ich mir. Er ist echt.

Am folgenden Tag, es war der 3. November 1993, hielt Sai Baba eine Rede. Er sprach über Moral und Disziplin. Ich merkte, dass ich zynisch war, mir dachte, dass seine Vorträge zum Gähnen sind und nichts bewirken, weil er selbst nicht tut, was er sagt. Ich nahm gelangweilt ein Buch von meiner Sitznachbarin. Es war in Deutsch – ein Buch mit Aussagen von Satya Sai Baba. Ich schlug es auf und mein Blick fiel auf einen Satz: »Der Grund, warum Schüler keine Fortschritte machen, liegt darin, dass die Gurus heutzutage nicht tun, was sie predigen«, stand sinngemäß da.

Ich war platt. Genau das hatte ich einen Moment vorher auf Sai Baba bezogen gedacht. Ich schaute in mich hinein, fragte mich, ob ich Fortschritte gemacht hatte, und sah keine.

Einer von vielen Appartementblocks im Aschram. Hier lag im zweiten Stock mein Zimmer mit Küche und Bad.

Ich schaute um mich, sah die langen Gesichter der permanenten Aschram-Bewohner, die alle nicht glücklich aussahen und immer auf etwas warteten. Mir war klar, dass es der Anfang vom Ende meiner Zeit in Prasanthi Nilayam war – mein starkes Vertrauen in Sai Baba war plötzlich weggerutscht, ausgerechnet jetzt, wo ich zum ersten Mal in meinem Leben einen Kühlschrank und einen Gasherd mein Eigen nannte.

Einen Tag später schrieb ich in mein Tagebuch: »Früher saß ich da und sah alles Mögliche in Baba – was ich sehen wollte. Und jetzt sitze ich da und sehe etwas ganz anderes. Es ist jetzt eine Übung in Nicht-Denken, Nicht-Verstehen-Wollen, alles Lassen – und Verantwortung für mich Übernehmen.« Mir wurde plötzlich klar, dass alles nur von meinen Gedanken und Gefühlen abhing.

Ich war unbewusst in Gedankenmuster hineingerutscht, in die ich nicht hatte hineinrutschen wollen. Doch als ich in ihnen feststeckte, kamen sie mir logisch und normal vor. Ich hatte so viel geglaubt, was ich nicht wissen konnte und was nicht nötig war zu glauben, und hatte so viel gerechtfertigt, was nicht nötig war zu rechtfertigen.

Ich hatte zum Beispiel die Art, wie Sai Baba VIPs und selbst korrupte Politiker hofierte, gerechtfertigt und die offizielle Erklärung, die ich in den Vorträgen für Ausländer gehört hatte, akzeptiert: Er halte sich eben in der Welt an die Gesetzmäßigkeiten der Welt.

Ein weiterer Punkt waren seine Versprechungen, die er nicht einhielt. Oft waren sie harmlos, wie die Zusicherung, jemanden »morgen« oder »vor der Abreise« zum Interview zu rufen. Baba sei eben nicht an unsere Zeitbegriffe gebunden, versuchten sich einige seiner Verehrer mit der Enttäuschung abzufinden. Aber er weckte auch größere Hoffnungen, als er zum Beispiel einer Bekannten versprach, dass ihr zuckerkranker Sohn bis zur Einschulung gesund sein würde. Ob er die Einschulung in die Oberstufe gemeint hat? Die meisten seiner Verehrer waren gutwillig und suchten nach einleuchtenden Erklärungen.

Selbst in Bezug auf die Materialisationen von Gegenständen, Sai Babas Visitenkarte, wie er es nannte, hörte ich nun, dass nicht alle echt wären und die Anhänger, die er häufig in den Interviews verschenkt, in Kartons angeliefert würden.

In den Aschram strömten nach wie vor Leute, die von Sai Baba voll überzeugt waren. Es waren viele Russen darunter und neuerdings auch Japaner, die alle mit demselben gelben Schal über der Schulter nicht zu übersehen waren. VIPs kamen ebenfalls zuhauf, um seinen Segen zu erhalten. Eine Konferenz über menschliche Werte in der Erziehung wurde abgehalten, an der die Vizekanzler von rund 20 indischen Universitäten teilnahmen. Projekte wurden weiterhin in Angriff genommen, wie zum Beispiel zur Verbesserung der Wasserversorgung im Distrikt. Das supermoderne Krankenhaus, für dessen Bau Isaac Tigrett, der die Hard-Rock-Café-

Kette in den USA aufgebaut hatte, mehrere Millionen Dollar gespendet hatte und in dem bereits Operationen am offenen Herzen umsonst ausgeführt wurden, richtete nun auch eine Abteilung für Nierenkrankheiten ein.

Sai Baba tat und tut zweifellos viel Gutes. Er inspiriert seine Anhänger zum Dienst am Nächsten, und viele sind sich außerdem sicher, dass er sie zur Erleuchtung führen wird.

Tamara war nun ehrlich um mich besorgt. Sie ahnte, dass es ernst und ich auf dem Weg nach draußen war. »Ich werde Sai Baba bitten, dir deinen Glauben zurückzugeben«, sagte sie. »Bitte tu das nicht. Ich bin so froh, dass ich ihn los bin«, musste ich ihr antworten.

Ich fühlte mich in der Tat erleichtert und wusste gleichzeitig, dass niemand, der noch an Sai Baba glaubt, mich verstehen würde. Wahrscheinlich tat ich Tamara Leid, und sie hatte zweifellos Recht: Ich kann nicht beurteilen, ob jemand erleuchtet ist oder nicht.

Doch ich hatte inzwischen für mich geklärt, dass ich zwar nicht beurteilen kann oder muss, ob Sai Baba echt ist, aber dass ich für mich persönlich beurteilen kann und muss, ob mir seine Gegenwart und die starke Ausrichtung auf ihn immer noch hilft. Und da ich mich ehrlich erleichtert fühlte, als ich den Glauben an ihn verlor, war mir klar, dass es Zeit war, den Aschram zu verlassen. Ein wiederkehrender Traum unterstützte mich: Ich war in einem Zimmer und merkte, dass es sehr dunkel ist. Da fiel mir plötzlich auf, dass ja alle Vorhänge zu sind, und ich zog sie zurück. Es schien mir, dass einfach der Zeitpunkt gekommen war, weiterzugehen. Die Jahre im Aschram hielt ich trotz oder vielleicht gerade wegen der für mich oft schweren Zeit nicht für verschwendet.

Es ging mir nun plötzlich viel besser. Ich ging nicht mehr regelmäßig zum *Darshan*, und wenn ich es aus einem gewissen Pflichtgefühl heraus tat, kam ich spät und stellte mich nur für die kurze Zeit von Sai Babas Rundgang hinter eine Mauer

– und merkte da erst, dass eine ganz Reihe von Inderinnen, die permanent im Aschram lebten, das ebenfalls taten. Ich verschob die Abreise von einem Tag zum andern, denn ich wusste nicht, wohin ich gehen sollte, und hier hatte ich es bequem, mit Kühlschrank und Gasherd. Aber da die Situation für mich nicht mehr stimmte, musste ich weg, auch wenn ich nicht wusste, wohin.

Es waren zehn Tage vergangen, seit ich den Satz in dem Buch meiner Sitznachbarin gelesen hatte, als ich schließlich um 6 Uhr früh den Bus nach Bangalore nahm. Nur mit einem kleinen Bündel über der Schulter schlich ich mich aus dem Aschram, damit mein Weggang vorerst niemandem auffiele. Freiwillige Helfer dekorierten gerade den *Darshan*-Platz mit Bananenstauden und Blumengirlanden, als ich vorbeiging. *Diwali*, das große Lichterfest, würde heute gefeiert werden – im Andenken an den Tag, an dem Ram nach seinem 14-jährigen Exil als König nach Ayodhya zurückkehrte.

Ein mütterlicher Ratschlag

In Bangalore mietete ich mich im Ananda Bhavan ein. Es war ein nettes, kleines Hotel, ursprünglich ein geräumiges Privathaus im Kolonialstil mit Garten, Dachterrasse und mitten in der Stadt – und es war der Durchgangsort für viele Sai-Baba-Anhänger aus Übersee. Am Informationsbrett an der Rezeption hing ein Zettel über Karunamayi bzw. Vijayeswari Devi, wie sie eigentlich heißt. Sie hat im Staat Andhra Pradesh einen Aschram und geht auch gelegentlich im Westen auf Tournee. Auf dem Zettel stand, dass sie derzeit in Bangalore weilt und an *Diwali* abends bei ihr eine Feier stattfindet. Die Adresse war angegeben. Es war ziemlich weit weg.

Da ich sonst nichts zu tun hatte, es mir nicht gerade prächtig ging und ich an dem hohen Festtag nicht in meinem Zimmer sitzen wollte, machte ich mich am späten Nachmittag mit einer Auto-Rikscha auf den Weg. Ich fuhr eine gute Stunde durch die Stadt. Der Verkehr in der Nähe des Busstands am City Market war erschreckend chaotisch und ich bedauerte und bewunderte gleichzeitig die Leute, die in den kleinen Läden und Werkstätten am Straßenrand ihren Geschäften in Seelenruhe und offenbar gut gelaunt nachgingen – inmitten ohrenbetäubenden Lärms und stärkster Luftverschmutzung durch Abgase.

Karunamayi hatte eine Halle im ersten Stock eines Gebäudes in einer ruhigen Wohngegend zur Verfügung. Der Raum füllte sich langsam, während die Vorbereitungen noch auf Hochtouren liefen. Leute saßen in Gruppen zusammen und zogen Blumengirlanden auf. Andere rupften Blumenblätter in großen Mengen. Der ganze Raum duftete. Im Hintergrund spielte sanfte Musik. Am Eingang war ein Tisch mit Büchern und Kassetten aufgebaut. Die Atmosphäre war familiär. Es waren rund 100 Personen anwesend, im Gegensatz zu mehreren Tausend bei Sai Baba. Einige Leute nickten mir freundlich und aufmunternd zu. Ich war die einzige Ausländerin. Mir war nicht nach Blätterrupfen zumute, und ich setzte mich auf den Boden und wartete.

Zur Feier des Tages wurden die 1008 Namen von Lalita, der göttlichen Mutter, rezitiert und jedes Mal eine Hand voll Blumenblätter auf einen Haufen geworfen. Jeder Name bestand nicht nur aus einem Wort, sondern war ein Lobpreis für sie. Es dauerte eine ganze Weile, bis 1008 Sätze gesungen waren.

Karunamayi nahm uns zugewandt vorne auf dem Boden Platz. Sie wirkte normal, einfach, fest in sich gegründet und mütterlich mit ihren damals 35 Jahren. Und sie nahm keinen Sonderstatus für sich in Anspruch. Als sie sich setzte, warf sie mir einen langen Blick zu und mir tropften Tränen auf mein gelbes Seidenkleid, die große Flecke machten.

Mir kam mein Leben plötzlich so verpfuscht vor. Ich war inzwischen Anfang 40 und hatte es weder in Bezug auf die Erfolgsskala in der Welt zu etwas gebracht noch in Bezug auf die Erkenntnis der Wahrheit. Ich hatte weder die Liebe und Geborgenheit einer Familie noch die Liebe und Geborgenheit in Gott gefunden. Ich fühlte mich plötzlich sehr allein. Jeder um mich herum schien irgendwo dazuzugehören. Es gab offenbar außer mir niemanden, der allein zu dem Fest gekommen war.

Der Blick von Karunamayi (Karunamayi bedeutet »durchdrungen von Mitgefühl«) brachte mich gegen meinen Willen zum Weinen. Ich hatte Gott immer darum gebeten, mich nicht in die Irre zu führen. Hatte er mich etwa doch auflaufen lassen? Waren die sieben Jahre bei Sai Baba umsonst gewesen, verschenkt? War ich statt freier und weiter durch die vielen Regeln im Aschram enger und gehemmter geworden? Ich wusste es nicht und spürte keinen Boden mehr unter den Füßen.

Karunamayi drückte zum Schluss jedem *Kumkum*, ein Pulver aus rotem Turmeric (Gelbwurz), zwischen die Augenbrauen. Für Hindus ist der Punkt (*Tilak* oder *Bindi* genannt) auf dem dritten, intuitiven Auge traditionell wichtig, denn er soll es schützen und stimulieren. Als ich an der Reihe war, sagte Karunamayi zu mir: »Come again«. Ich war froh darüber, denn das gab mir zumindest etwas zu tun. Vom Büchertisch nahm ich ein Büchlein über ihr Leben mit. Ihr Cousin, der den Tisch betreute, meinte, ich könnte, wenn ich wollte, morgen persönlich mit Karunamayi sprechen. Mir kam der Gedanke, sie zu fragen, was sie von Satya Sai Baba halte.

Auf dem Weg nach draußen, als ich in dem Haufen Schuhzeug vor der Tür nach meinen Sandalen suchte, sprach mich ein Mann an: »Du bist doch bei Sai Baba, oder? Ich habe dich in Puttaparthi gesehen.« »Ja, ich war mal dort, bin aber nicht mehr bei ihm«, spielte ich meine sieben langen Jahre im Aschram herunter, und mir kam Petrus in den Sinn und sein Verhalten an jenem Morgen, als der Hahn dreimal krähte.

Am nächsten Morgen, als ich wieder zu Karunamayi fuhr, präsentierte sich der City Market in Bangalore in einem anderen Licht. Der Verkehr floss, stockte noch nicht, der Lärm der Hupen war erträglich. Die Läden und Werkstätten wirkten frischer in der Morgensonne. Bei einigen waren die Rollläden noch unten. Auch die Leute wirkten langsamer, bereiteten sich auf den vermutlich ereignisreichen und gegen Abend hektischen, abgasreichen Tag vor. Sie standen mitten im Leben, und ich wusste nicht, wer es besser getroffen hatte: sie oder ihre Kollegen im Westen, wo Geräusch- und Rußpegel unter Kontrolle und die Arbeitsbedingungen generell zumutbarer und steriler sind, aber wo weniger Teetassen von Laufburschen herumgereicht werden, wo es nicht so vor Menschen wimmelt und weniger schnell ein Lachen auf einem Gesicht aufblitzt.

Bei Karunamayi war es ruhig. Ihr Cousin am Büchertisch ignorierte mich. Womöglich hatte er ein schlechtes Gewissen, dass er mir ein persönliches Gespräch mit ihr heute in Aussicht gestellt hatte. Wie ich bald erfuhr, würde sie nämlich den ganzen Tag in Gebet und Meditation verbringen und nicht zu sprechen sein. Dafür lernte ich ihre Mutter kennen. Sie schaute mich eine Weile direkt und ruhig an, wie es einem oft in Indien passiert, bevor sie auf Telugu, der Landessprache in Andhra Pradesh, fragte, woher ich komme. Ich wusste nicht, wer diese einfache, kleine, alte Frau war, bis sie mir jemand vorstellte.

Ich hatte in dem Büchlein bereits über Annapurnamba, wie die Mutter hieß, gelesen: Sie wurde als Kind mit acht Jahren verheiratet. Mit 17, als sie bereits zwei Töchter hatte, suchte sie einmal Ramana Maharshi in Thiruvannamalai auf.

»Möchtest du in einem Aschram leben?«, fragte er sie.

»Mit Ihrer Gnade«, antwortete sie ehrerbietig.

»Nein, nicht jetzt und nicht in diesem Aschram. Du wirst einmal im Aschram deiner Tochter leben und du brauchst nirgendwo anders hingehen. Jeder wird zu dir kommen. Du wirst die göttliche Mutter gebären«, fuhr Ramana fort.

Annapurnamba war zu schüchtern, um den großen Ramana Genaueres zu fragen.

Im Jahr 1958, an *Vijaya Dasara*, dem großen Fest, das *Diwali* um circa zwei Wochen vorausgeht und unter anderem den Sieg (Vijaya) von Ram über den Dämonenkönig Ravanna und die Befreiung von Sita, die dieser gekidnappt hatte, feiert, gebar Annapurnamba ihr viertes Kind. Sie nannten es Vijayeswari.

Karunamayi, mütterlich und mitfühlend

Beide Eltern erzählten von besonderen Erfahrungen vor und nach der Geburt. Auch eine Kobra tauchte angeblich auf und wachte über das Neugeborene, bevor sie spurlos verschwand. Und auch über die junge Vijayeswari gab es bald wunderbare Geschichten zu erzählen, zwar nicht ganz so spektakuläre wie über den jungen Sai Baba, aber spektakulär genug, um Leute auf sie aufmerksam zu machen.

Zum Beispiel war einmal eine gute Freundin der Familie zu Besuch. Deren Sohn hatte das Elternhaus vor zehn Jahren verlassen und nie wieder etwas von sich hören lassen. Verstandlicherweise litt seine Mutter unter dem Verlust, und bei ihrem Besuch, es war am 14. Juni 1968, fing sie zu weinen an. Vijayeswari, die in einer Ecke über ihren Hausaufgaben saß, kam zu ihr herüber, streichelte ihre Wange und tröstete sie: »Dein Sohn wird übermorgen zu dir zurückkehren.« »Wenn das stimmt, werde ich dich als Göttin verehren«, reagierte die Frau und glaubte sicher selbst nicht daran, dass Vijayeswari die Wahrheit sagte. Am 16. Juni morgens gegen 6 Uhr, als die Mutter gerade ihre Gebete verrichtete, kam der Sohn tatsächlich zur Tür herein. Sie nahm ihn prompt mit zum Haus ihrer Freunde und fiel dem zehnjährigen Mädchen unter Protest seiner Mutter zu Füßen.

Ein Astrologe erstellte auf Wunsch des Vaters ihr Horoskop. Darin stand, dass Vijayeswari eine göttliche Person ist, die Weisheit vermitteln und für Arme und Bedrängte Zuflucht sein wird. Sie wird nicht heiraten, sondern sich im Wald niederlassen, und Leute werden kommen, um sie zu verehren. Der Vater war schockiert. Ihn schauderte, sich seine Tochter allein im Wald mit all seinen Gefahren vorzustellen. Vijayeswari kam gerade aus der Schule, als der Vater über dem Horoskop brütete, und sprach ihn an: »Vater, warum sind Sie wegen einer solchen Kleinigkeit so niedergeschlagen?« »Welche Kleinigkeit?«, wollte der Vater wissen. »Wegen meines Lebens. Dass ich für einige Zeit im Wald leben werde.« Der Vater war mehr als erstaunt. Seine kleine Tochter konnte nichts vom Horoskop wissen.

Der Vater starb, als sie acht Jahre alt war, und erlebte nicht mehr, dass sie tatsächlich mit Anfang 20 oft wochenlang ohne zu essen tief im Wald meditierte und dass sie tatsächlich eine Zuflucht für Arme und Bedrängte wurde. Abgesehen von Waisenhäusern und Schulen, die sie gründete, sind Karunamayi nämlich vor allem Armenspeisungen wichtig. Keiner soll Hunger haben. Außerdem wird inzwischen tatsächlich von vielen Menschen auch im Westen das kleine Mädchen von damals als göttliche Mutter verehrt.

Einige Tage später hatte ich dann ein persönliches Gespräch mit Karunamayi.

Sie stand allein in einem bis auf einen kleinen Altar in einer Ecke völlig leeren Zimmer und wartete auf mich mit einem Füller in der Hand. »Du bist eine Tochter von Saraswati«, sagte sie und gab mir den Füller. Saraswati ist die Göttin der Weisheit und des Lernens. Ich freute mich über das Geschenk und wir setzten uns beide auf den Steinboden. Ich erzählte ihr, dass ich mehrere Jahre lang bei Satya Sai Baba war und jetzt nicht mehr wüsste, was ich von ihm halten solle. Ich redete wahrscheinlich viel zu schnell und war mir nicht sicher, ob sie mir folgen konnte. »Was hat es mit dem Glauben an einen Guru auf sich? Ist er notwendig?«, fragte ich sie schließlich. »Versuch weiterhin, wie vorher, Glauben zu haben«, antwortete sie. »Ich glaube, das geht nicht mehr«, warf ich ein.

Sie schien mit der Bemerkung zufrieden.

»Der Grund ist, weil du das Höchste willst«, sagte sie. »Du bist in Wahrheit *Atman*, unbegrenzt. Du bist das eine Selbst. Ich möchte, dass alle Menschen ihr Selbst erkennen. Meditation ist dafür unerlässlich. Dein Selbst ist wie tausend Sonnen. Alles ist in dir. *Atman* ist ›*in*-visible‹, das heißt«, erklärte sie es auf ihre Art, »er ist *in* dir während der Meditation sichtbar.«

Sie ging nur kurz auf den Aschram von Satya Sai Baba ein und gab keinen Kommentar über ihn ab. »Im Aschram von Satya Sai Baba wird der Meditation kein großer Stellenwert zugeschrieben. Das ist der Grund, warum es so viel Wettbewerb dort gibt. Du musst meditieren und nach innen gehen«, drängte sie mich und versprach: »Ich werde dir dabei helfen. Das ist meine Verantwortung.«

Am Schluss forderte sie mich auf, dreimal um sie herumzugehen. Als ich danach vor ihr stand, überreichte sie mir eine kleine, fünf Zentimeter hohe Statue von Saraswati. Das Metall war vibrierend heiß – doch nicht so, dass man sich hätte verbrennen können. Ich versuchte später manchmal, die Statue kräftig zwischen meinen Händen zu reiben oder sie an meinem Körper zu erwärmen, aber konnte damit nie diese Art von Hitze erzeugen.

Ob mir Karunamayi zu verstehen geben wollte, dass die Wunder von Satya Sai Baba im Grunde nichts Besonderes sind, dass Materialisationen oder Transportationen auch für sie möglich sind und nicht der Rede wert? Dabei soll nämlich Hitze entstehen. Ich hatte stark das Gefühl, dass die Statue nicht auf normalem Weg in ihre Hände gekommen war, sprach es aber nicht an, weil ich es in dem Moment wirklich nicht der Rede wert hielt. Erst später meldete sich eine gewisse Neugier. Karunamayi lächelte nur und sagte zum Abschied noch einmal: »Du bist eine Tochter von Saraswati. Schreibe über das Göttliche.« Und als ich schon fast die Türklinke in der Hand hatte, fügte sie hinzu: »Betrachte meinen Aschram als dein Zuhause. Du bist jederzeit willkommen.«

Es tat gut, das zu hören, denn ein Zuhause fehlte mir. Mein Gasherd und mein Kühlschrank waren noch in Prasanthi Nilayam und ich hatte keine Ahnung, wohin ich meine Sachen transportieren sollte. Nicht in einen Aschram, so viel war mir klar. Aber ich war dankbar für ihr Angebot und das Gefühl, willkommen zu sein. In der Nacht nach dem Gespräch sah ich ein Traumbild: Ich zündete Kerzen an und wusste, dass Neujahr ist.

Ich nahm Karunamayis Rat zu meditieren ernst. Mir fiel da erst auf, wie sehr ich die Meditation in den letzten Jahren vernachlässigt hatte. Sai Baba hatte einmal gesagt, dass Meditation nutzlos sei, weil wir ja doch nur an alles Mögliche denken würden. Stattdessen sollten wir lieber Dienst am Nächsten tun. Das hatte mir eingeleuchtet. Aber möglicherweise ist Meditation doch nicht nutzlos, auch wenn einem Gedanken durch den Kopf gehen.

Ich setzte mich nun wieder regelmäßig morgens und abends eine Stunde lang hin und manchmal auch in der Stille der Nacht, wenn ich aufwachte. Die Meditation hielt mich in dieser Zeit, als ich eigentlich lieber tot als lebendig sein wollte, über Wasser. Ich hatte mein Zuhause verloren, meine Freunde und jegliche Struktur in meinem Tagesrhythmus und fühlte mich manchmal wie im luftleeren Raum schwebend, ohne jeden Halt.

Karunamayi hatte mir auch eine einfache und in der indischen Tradition grundlegende Atemübung empfohlen, die ich vor der Meditation machte: Ich hielt mit dem rechten Daumen das rechte Nasenloch zu und atmete durch das linke ein. Dann verschloss ich mit dem rechten Mittel- und Ringfinger das linke Nasenloch und atmete durch das rechte aus und anschließend wieder ein. Nun kam wieder der rechte Daumen auf das rechte Nasenloch, der Mittel- und Ringfinger lösten sich und ich atmete durch das linke Nasenloch aus und danach wieder ein. Fünfmal galt es das zu wiederholen, wobei der Atemrhythmus normal blieb. Karunamayi legte großen Wert auf dieses *Pranayama* (Atemübung) und hatte zusammengestellt, wofür es gut ist. Die Liste war lang.

Meine Meditation war dennoch nicht das, was ich mir unter einer guten Meditation vorstellte. Es kamen mir immer wieder Gedanken, und nur ab und zu stellte sich eine gewisse Ruhe ein. Dafür hatte ich nun öfter wunderschöne Erlebnisse in einer Art Zwischenzustand – morgens beim Aufwachen zwischen Schlafen und Wachsein. Es war mir schon früher gelegentlich passiert, dass in diesem Zustand alle meine Zellen vor Glückseligkeit vibrierten. Einmal sah ich Shiva vor mir, ähnlich, wie er auf Bildern dargestellt wird, mit friedlichem Gesichtsausdruck und langem Haar. Aus seinem dritten Auge auf der Stirn schoss Licht heraus und in mein drittes Auge hinein, und ich hörte »Om namah Shivay« (»Ich verbeuge mich vor Shiva« bzw. »Ehre dem Höchsten«, denn Shiva bezeichnet hier das Höchste, das, was alles durchdringt). Ich fiel in einen Freudentaumel. Jede Zelle in mir jubilierte. Ich lag damals auf einer Pritsche im Zug mit über 80 Leuten im Waggon zweiter Klasse und hätte nicht glücklicher sein können. Solche Glücksgefühle kamen nun öfter. Sie kamen als Überraschungsgeschenk und vermittelten mir allmählich die Gewissheit, dass in mir tatsächlich etwas Großartiges und Liebevolles lebt.

Wo Kaffee und der Pfeffer wächst

ALS KARUNAMAYI IN IHREN ASCHRAM nahe der Küste im Staat Andhra Pradesh zurückfuhr, fuhr ich nicht mit. Mir war die Idee gekommen, mich in Dehradun am Fuß des Himalajas niederzulassen, wo ich, als Anandamayi Ma noch lebte, gerne gewesen war. Bevor ich in den Norden fuhr, wollte ich noch einige Orte im Süden erkunden. Es machte mir nichts aus, allein durchs Land zu reisen. Allein reisen ist in Indien leicht. Man wird ohnehin kaum allein gelassen, und ich schätze die vielen Kontakte in Bussen, Zügen oder Teebuden sehr. »Du bist der erste Ausländer, mit dem ich rede«, freute sich einmal ein junger Inder in einer Essbude nahe einem Bahnhof kindlich. Er und seine beiden Freunde hatten mich angesprochen, während ich auf mein Essen wartete. Als mein Essen kam, ließen sie mich anstandshalber allein, doch bevor mein Zug abfuhr, tauchten sie plötzlich auf dem Bahnsteig auf – um mich zu verabschieden. Jemand sollte auch mir nachwinken.

Bei den Temperaturangaben in der Zeitung war mir schon länger Madikeri (früher Mercara) aufgefallen, ein Ort, der immer einige Grad Celsius weniger hatte als die meisten anderen Städte Südindiens. Ich schloss daraus, dass er in den Bergen liegen und ideal für Meditation sein müsste. Ich wollte ihn mir ansehen, denn ich beherzigte Karunamayis Rat und meditierte regelmäßig.

Madikeri liegt in den Nilgiris-Bergen auf 1200 Meter inmitten viel Grün über eine hügelige Landschaft ausgebreitet.

Es ist mit seinen 30 000 Einwohnern die Bezirkshauptstadt von Kodagu, einem reichen Bezirk, wo Kaffee und Pfeffer wächst. Ich mietete mich im Touristenbungalow ein. Abends ging ich in einen Park in der Nähe, hoch über einem Tal, wo halb Madikeri den Sonnenuntergang hinter den wellenförmigen, blauen Bergen (*nil* heißt blau und *giri* Berg) bewunderte. Viele, meist ältere Kaffeeplantagenbesitzer spazierten dort auf und ab, die anschließend auf einen Drink oder zum Bridgespielen in den Club gingen, an dessen Eingang bis zum Ende der englischen Kolonialherrschaft 1947 ein Schild prangte: »Nur für Weiße«.

Ich setzte mich auf eine Bank und schaute dem Treiben zu. Mir fiel eine Ausländerin auf und ich ihr anscheinend auch, denn sie kam auf mich zu. Sie hieß Trudi, war in Amerika geboren, doch beide Eltern waren Deutsche. Sie freute sich, Deutsch sprechen zu können.

»Ich war Lehrerin und bin inzwischen pensioniert«, erzählte sie. »Und jetzt bin ich nur noch an Meditation interessiert.«

»Kennst du das Buch »I am That« von Nisargadatta Maharadsch?«, fragte ich sie, denn ich dachte, es könnte sie interessieren. Es war damals mein Lieblingsbuch. Sie schien überrascht und sagte eine Weile nichts. Womöglich überlegte sie, ob sie es mir verraten sollte.

»Wir haben hier eine Meditationsgruppe unter einem Guru und gehen unter seiner Anleitung genau dieses Buch durch. Wir treffen uns morgen. Magst du kommen?«, fragte sie schließlich. Ich sagte Ja.

Dieses Ja war der Anfang von fünf Jahren unter einem neuen Guru, obwohl ich genau das nicht vorgehabt hatte. Aber vielleicht musste es so kommen. Tamara, meine russische Freundin im Aschram von Sai Baba, hatte nämlich einmal von mir geträumt: Ich war in einem Boot draußen auf dem Meer, das ein Mann mit einem »kaffeebraunen« Hemd ruderte. Sie war damals aufgeregt in mein Zimmer gekommen und hatte behauptet, dass es ein Wahrtraum wäre, denn sie war gelegentlich hellsichtig. Sie befürchtete, dass ich Sai Baba »in etwa zwei Jahren« verlassen würde (was stimmte), doch das schien mir damals völlig unwahrscheinlich und ich konnte sie beruhigen. Später, als ich eine Schülerin von Trudis Guru war, fiel mir Tamaras Traum ein. Mein neuer Guru besaß eine Kaffeeplantage! Und er war in vielerlei Hinsicht das ziemliche Gegenteil von Satya Sai Baba:

Bei Satya Sai Baba waren Tausende von Leuten, bei ihm, bzw. Gurudschi, wie er genannt wurde, nur etwa 50. Sai Baba trug tagein, tagaus dieselbe lange, rote Robe, Gurudschi dagegen maßgeschneiderte Hemden und Hosen, eine ärmellose Weste und manchmal eine schicke, englische Tweed-Kappe. Sai Baba war ledig und lebte im Aschram, Gurudschi hatte Frau und drei Kinder und lebte in einem fürstlichen Bungalow auf seiner Kaffeeplantage. Sai Baba war durch seine Wunder aufgefallen und hatte allein aufgrund seiner Person Leute angezogen. Gurudschi hatte beim Tod seines Gurus die Leitung der bereits bestehenden Meditationsgruppe übernommen. Mit Sai Baba sprach ich in sieben Jahren nur fünfmal einige Minuten, mit Gurudschi saß ich schon am ersten Tag eine Stunde zusammen, allein in seinem Zimmer. Vielleicht war dieser Kontrast der Grund, dass ich noch einmal bei einem Guru blieb. Obwohl er äußerlich nicht wie ein Guru wirkte, entsprach der familiäre Rahmen und der direkte Kontakt zu ihm viel eher meiner Vorstellung von einer Guru-Schüler-Beziehung.

Trudi nahm mich mit zum Meditationszentrum. Gurudschi war aufmerksam und freundlich und lud mich zu einem Gespräch in sein Zimmer ein.

»Maria, du brauchst nochmal einen Guru. Solange du die Selbstverwirklichung nicht erreicht hast, brauchst du Führung durch einen Guru«, bestimmte er. »Sai Baba hat dich nicht bis zur Selbstverwirklichung geführt. Ein Guru kann dich nur bis dahin führen, wo er selbst steht«, fuhr er fort, und es erstaunte mich, dass er einen weltberühmten Guru wie Satya Sai Baba offenbar unter sich ansiedelte. Er gab mir mehrere Beispiele von bekannten Leuten, die mehrere Gurus hatten. »Erst der letzte hat sie zur Erleuchtung geführt«, erklärte er. »Im Schnitt dauert es fünf Jahre bis zur Erleuchtung. Mein Guru hat fünf Jahre gebraucht und ich selbst auch. Auch du kannst in spätestens fünf Jahren das Ziel erreichen.«

»Ich will aber keinen Guru mehr, denn der Guru kann tun und lassen, was er will, und ich muss es schlucken«, brachte ich vor und vermied jede Form von Anrede, denn »Gurudschi« kam mir noch nicht über die Lippen. Er lachte, und was er sagte, klang vertrauenswürdig: »Maria, der Guru ist dein Freund.«

Ich bat ihn um Tipps für die Meditation. Er zeigte mir bei diesem ersten Gespräch bereits die Soham-Methode, die er seinen Schülern vermittelte, allerdings ohne die feierliche Einweihung und die damit angeblich verbundene Übertragung der Kraft durch den Guru. Ich war dankbar und freute mich, denn so viel Aufmerksamkeit war mir bis dahin von keinem Guru geschenkt worden. Ich fühlte mich richtig beschwingt, als ich sein Zimmer verließ, und vertraute Trudi an, dass mir ihr Guru gefällt.

Gurudschi zog mich allmählich in seinen Bann. Er wirkte sympathisch und fast charmant. Es war nicht nur die Aussicht auf jemanden, der mich wie ein Freund auf dem spirituellen Weg begleiten würde, was mich schließlich nach einer Bleibe Ausschau halten ließ. Das Klima in dieser Gegend schien ideal (damals kannte ich den Monsun dort noch nicht), die Leute in der Gruppe waren nett, und irgendwo brauchte ich einen Platz.

Ich fand mit Hilfe von Gurudschis Schülern einen allein stehenden Bungalow in der Nähe des Meditationszentrums.

Das Wohnzimmer war elf Meter lang. Es gab zwei Veranden und sechs Türen, die ins Freie führten, und das Haus war alles andere als einbruchssicher. Es war viel zu groß, bis auf ein paar Bettgestelle unmöbliert, doch es war für knapp 50 Euro monatlich erschwinglich. Ich hatte nun einen Platz für meine Sachen, die ich bald darauf aus Puttaparthi abholte.

In Kodagu lernte ich nun ein ganz anderes Indien kennen, denn als ich mich schließlich im Juni im Bungalow niederließ, war der Monsun schon eingetroffen. Bisher hatte ich Indien mit heiß, staubig, braun und trocken assoziiert. Nun wurde es plötzlich kalt, grün und viel nässer als in Deutschland. In den ersten Wochen genoss ich es, mit Gummistiefel und Regenmantel gewappnet, mich im dichten, grauen Nebel gegen Wind und Wetter zu stemmen.

Ich war nun die einzige Ausländerin, denn Trudi war vor dem Regen zurück in die USA geflüchtet, und ich wurde voll ins gesellschaftliche Leben mit einbezogen. Einladungen zum Mittag- oder Abendessen erfolgten in jeder Woche mindestens einmal. Kodagu ist ein reicher Bezirk, und da Gurudschi selbst ein wohlhabender Plantagenbesitzer war, gehörten viele seiner Schüler zur gleichen Schicht. Ich war anfangs baff erstaunt über den Luxus in den Bungalows inmitten der wunderbar gelegenen »Coffee Estates«, wo nicht nur Kaffeebeeren auf Büschen wachsen, sondern sich auch Pfefferschlingpflanzen um hohe, schattenspendende Bäume winden. Ich hatte mir nicht vorgestellt, dass es da, wo der Pfeffer wächst, so wunderschön sein könnte.

Als gute Gastgeberin zu gelten ist den Frauen wichtig. Sie tauschten Rezepte aus, während sich die Männer über die Kaffee- und Pfefferpreise unterhielten und ob es sich bereits lohnte, zu verkaufen, oder ob vielleicht doch noch Frost in Brasilien zu erwarten sei, der dort die Kaffee-Ernte schädigen und die Preise in die Höhe treiben könnte.

Luxus und Wohlstand waren allerdings auf die Familie des

Mein riesiger Bungalow am Rande Madikeris in einer bergigen Gegend voller Kaffeeplantagen

Plantagenbesitzers beschränkt. Die Arbeiter lebten in einfachsten Behausungen. Doch ich hatte den Eindruck, dass es ihnen nicht schlecht ging. Viel hing vom Plantagenbesitzer selbst ab. Gurudschi unterstützte zum Beispiel eine kleine Schule für die Kinder seiner Arbeiter auf seiner Plantage.

Neben Einladungen zum Essen folgten Einladungen zu Hochzeiten. Sie sind in ganz Indien ein wichtiges gesellschaftliches Ereignis, das in großem Stil gefeiert wird und mit dem eine riesige, milliardenschwere Industrie verbunden ist. 2000 Gäste sind nicht ungewöhnlich in der Schicht der Plantagenbesitzer und die Kosten für die Hochzeit, die von den Brauteltern getragen werden, entsprechend hoch. Ich kaufte mir einen golddurchwirkten, schweren Seidensari, um nicht zu sehr aus der Reihe zu fallen, denn die Frauen putzten sich alle hübsch heraus. Die Geschenkfrage machte wenig Kopfzerbrechen. Üblich war ein Umschlag mit Geld, und wie viel man in den Umschlag steckte, hing davon ab, wie gut man die Brautleute kannte. Umgerechnet zwei Euro waren die Norm unter bloßen Bekannten.

Die meisten Hochzeiten waren von den Eltern »arrangiert«. Das heißt, die Eltern suchten die Braut oder den Bräutigam aus, und zwar nach Kriterien, die in den alten Schriften angegeben sind: ein ähnlicher Familienhintergrund, körperliche und geistige Gesundheit im Hinblick auf die Nachkommen usw. Bei den oberen Kasten werden außerdem die Horoskope verglichen. Keine Rolle spielt, ob die Brautleute ineinander verliebt sind, denn sie haben sich meist nur kurz beim Heiratsantrag durch die Eltern gesehen. Praktische Gesichtspunkte stehen im Vordergrund. Als einmal ein Sohn seinem Vater sagte: »Ich glaube nicht, dass ich mit dieser Frau glücklich werden kann«, nachdem ihm seine zukünftige Braut vorgestellt worden war, reagierte der Vater: »Wir reden hier nicht über dein Glück, sondern über deine Hochzeit.« Der Vater bestand jedoch nicht auf seiner Wahl und suchte weiter nach einer Braut, mit der auch der Sohn einverstanden war.

Liebesheiraten sind immer noch nicht die Norm, obwohl sie von den englischsprachigen Medien propagiert werden und sich auch in den populären Bollywood-Filmen das Traumpaar inzwischen meist selbst findet. Verblüfft hat mich, dass für viele junge Leute selbst die westliche »Liebesheirat« nicht den Vorrang hat.

»Die Eltern haben mehr Erfahrung, kennen ihre Kinder und können besser beurteilen, wer zu ihnen passt«, versuchte Sunita, eine 23-jährige Programmiererin, mir ihre Einstellung verständlich zu machen. »Ich halte es für recht riskant, sich aufgrund eines Gefühls ein Leben lang zu binden. Aber dann – ihr bindet euch ja nicht ein Leben lang. Beim ersten Streit lasst ihr euch scheiden, oder? Das finde ich nicht gut. Ich könnte mich nie sicher fühlen«, fügte sie hinzu.

»Bei uns entwickelt sich die Liebe nach der Hochzeit, und bei euch im Westen hört sie mit der Hochzeit auf«, brachte ein junger Mann es scherzhaft auf einen kurzen Nenner.

Und eine junge Frau aus dem Norden Indiens, die seit ihrer Hochzeit in Amerika lebt, erklärte mir: »Als Teenager haben wir kaum Kontakt mit dem anderen Geschlecht. Wenn man schließlich bei der Hochzeit dem Partner zum ersten Mal nahe kommt, wird man sich in aller Wahrscheinlichkeit in ihn oder sie verlieben.« Wie lange diese Liebe nach der Hochzeit hält, ist natürlich auch in Indien die Frage. Und auch in Indien ist eine Scheidung inzwischen vor allem in den Städten nicht mehr die große Ausnahme.

Sunita, die Programmiererin aus Bangalore, sah noch einen anderen Nachteil bei der Liebesheirat: »Da wäre ich ja ständig im Stress, dass sich jemand in mich verliebt, müsste mich ständig anbieten, mich von meiner besten Seite zeigen. Was für ein entsetzlicher Stress!«

Eine Bekannte aus Chennai (früher Madras) hatte diesen Stress. »Such dir selbst jemanden«, hatte ihr Vater zu ihr gesagt, nachdem ihre Schwester aus Liebe geheiratet hatte. Statt sich über seine für unsere Begriffe moderne Einstellung zu freuen, erklärte sie mir enttäuscht, dass ihr Vater sich vor seiner Verantwortung drücke und nur die Mitgift sparen wolle.

Shanti, eine ältere Frau, deren Mann ein alter Charmeur ist, erklärte mir, dass sie nicht im Westen leben könnte: »Da müsste ich ja ständig Angst haben, dass mein Mann eines Tages die Scheidung verlangt. Das würde ich nicht aushalten. Hier dagegen bin ich mir sicher, dass er abends nach Hause kommt und mich nicht verlassen wird.«

Neben Hochzeiten wurde ich auch zu Beerdigungen bzw. Verbrennungen geholt. Ich bin in meinem ganzen Leben nicht bei so vielen Toten gesessen wie während der fünf Jahre in Kodagu. War der Verstorbene noch jung, wurde unter den Angehörigen viel geweint, während man um den aufgebahrten Leichnam im Wohnzimmer saß. War er schon alt, lief alles ruhiger ab.

In den Wochen nach der Verbrennung wurden die nächsten Angehörigen nicht in Ruhe gelassen – mit Absicht, damit sie nicht ins Grübeln kommen und sich allein fühlen. Jeden Tag kamen andere Leute vorbei, um ihr Beileid zu bekunden, und die Ärmsten mussten Tee kochen, sich zu den Gästen setzen und Unterhaltungen führen.

Krankenbesuch war ein weiterer wichtiger Punkt im gesellschaftlichen Programm. Es gab immer jemanden, der gerade im Krankenhaus lag, und auch er wurde nicht allein gelassen, ob es ihm recht war oder nicht.

Es herrschte eine freundschaftliche Atmosphäre und ein Zusammengehörigkeitsgefühl unter den Mitgliedern der Meditationsgruppe. Wir trafen uns zweimal in der Woche im Meditationszentrum und hörten Gurudschi zu. An Sonntagen fuhren wir oft in einer langen Wagenkolonne über holprige Straßen zu Kaffeeplantagen, deren Besitzer uns ein phantastisches Buffet servierten. Ich musste mich daran gewöhnen, so viele Kontakte zu haben, denn ich war eher ein Eigenbrötler, ein Charakterzug, den mir Gurudschi allmählich und fast unmerklich austrieb.

»Maria, du bist zu sehr ein Einsiedler. Du musst aus deiner Schale herauskriechen und dich mehr in der Gesellschaft engagieren«, riet er mir und hatte wahrscheinlich Recht. Und er stupste mich aus der Schale. Er nahm mich mit zu Veranstaltungen in der Schule, die sein Vater gegründet hatte, und ließ mich Preise verteilen. Einmal forderte er mich auf, vor versammelter Mannschaft in der Gruppe meinen Werdegang in Indien zu schildern. Ich bekam einen Schreck, doch im Nachhinein bin ich ihm dankbar für die damals eher unerwünschte Hilfestellung.

Ein paar Monate nach meiner Ankunft in Madikeri sagte Gurudschi am Ende seiner Geburtstagsfeier plötzlich: »Komm, lass uns ernst machen.« Er nahm mich mit in sein Zimmer, hängte den Telefonhörer aus, setzte sich mir gegenüber auf den Teppich und gab mir die Einweihung in das *Soham-Mantra*, das er mir bei unserem ersten Gespräch schon in groben Zügen erklärt hatte. Er verlangte von mir, morgens und abends eine Stunde lang zu meditieren. Nun gehörte ich also voll zur Gruppe und er war offiziell mein Guru.

Es dauerte eine Weile, bis ich in Gurudschi das gleiche Vertrauen hatte wie zuvor in Sai Baba. Doch mit der Zeit entwickelte sich wieder der starke Glaube, dass Gurudschi erleuchtet ist und mich kompetent anleiten kann. Gurudschi verstand es, mich zu motivieren. »Der Wunsch nach Selbstverwirklichung muss an erster Stelle auf deiner Wunschliste stehen«, verlangte er. »Du weißt inzwischen alles über Vanille-Eis. Jetzt wird es Zeit, dass du es dir endlich schmecken lässt.«

Ich sagte ihm, dass mein Leben allein schon durch das *Wissen* um die Einheit von allem viel lebenswerter geworden sei. Viele Ängste seien verschwunden, ebenso das Gefühl, etwas

Gurudschi (auf der Treppe) und einige seiner Schüler bei einem gemeinsamen Ausflug

zu verpassen, während das Vertrauen, dass alles schon so richtig ist, wie es ist, gewachsen wäre. Doch Gurudschi bestand darauf: »Das reicht nicht aus. Du musst die Wahrheit wirklich erfahren, musst wissen, dass *du* diese Einheit bist. Selbstverwirklichung ist nicht nur für Leute mit kompliziert klingenden indischen Namen reserviert. Sie ist auch für Maria erreichbar.«

Ich meditierte nun regelmäßig und lange und hatte in dieser Zeit zum ersten Mal außerkörperliche Erfahrungen. Ich war vorher solchem gegenüber äußerst skeptisch gewesen, vielleicht deshalb, weil mir der erste Mensch, der mir davon angeblich aus eigener Erfahrung berichtete, nicht besonders sympathisch war.

Ich hatte angenommen, dass Astralreisen nur spirituellen Größen, wie zum Beispiel Babadschi, offen stünden. Doch nun erlebte ich selbst welche und merkte, dass Selbstverwirklichung keine Voraussetzung dafür ist. Meine Reisen waren allerdings von mir nicht steuerbar. Sie geschahen ohne mein Zutun, und beim ersten Mal hatte ich anfangs sogar Angst. Doch die verflüchtigte sich bald, als sich ein traumhaft schönes Gefühl in mir breit machte. Ich war voller Glückseligkeit und hätte wohl mehr davon gar nicht ausgehalten. Ich fühlte mich voll wach und beobachtete genau, was vor sich ging, weil ich es meinem Guru erzählen wollte. Und dennoch war es offenbar nicht der normale Wachzustand. Sobald ich in den normalen Wachzustand rutschte, klang die Seligkeit langsam aus und übrig blieb nur eine vage Erinnerung.

Ich hatte eine Zeit lang viele solcher Erlebnisse und freute mich schon, wenn ich merkte, dass ich aus meinem Körper kippte, denn das Gefühl, das damit einherging, war exstatisch. Mit nichts vergleichbar. Das intensive Beobachten bzw. der Wunsch, es meinem Guru zu erzählen, schien das Erlebnis jedoch zu verkürzen.

Gurudschi, dem ich von diesen Glückszuständen erzählte, riet mir, sie nicht wichtig zu nehmen. Sie wären einfach nur ein Hinweis, dass ich auf dem richtigen Weg sei. Sie waren für mich zudem eine Bestätigung, dass ich bei dem richtigen Guru war, denn so viele und so intensive Erfahrungen hatte ich früher nicht erlebt.

Ich war also gerne bereit zu versuchen, was Gurudschi bei den Treffen und in persönlichen Gesprächen nun immer öfter forderte: sich völlig dem Guru zu überlassen, sich ihm ganz anzuvertrauen, ganz hinzugeben, ihm sozusagen die Vollmacht für das eigene Leben zu übertragen. Dieser »Guru-Yoga« wäre die höchste Form des Yoga, erklärte er.

Der Guru hat in Indien traditionell eine hohe Stellung inne. Früher, als es noch keine Bücher gab und Wissenschaftler die Realität der Wahrnehmung noch nicht in Frage stellten, war der Guru die einzige Brücke zur Wahrheit und konnte deshalb wertvolle Hinweise geben. Und da es sich bei der Wahrheit nicht um ein Wissen im herkömmlichen Sinn handelt, sondern um eine radikal andere, nämlich gedankenfreie Sichtweise, sind die Lehrmittel entsprechend unorthodox. Manchmal braucht der Schüler einen Schock. Manchmal macht der Guru einen Schüler vor den anderen lächerlich. Ziel ist, dem Ego das Gefühl der eigenen Wichtigkeit auszutreiben. Denn erst wenn das Ego, das auf Gedanken und Gefühle angewiesen ist, sich nicht mehr als die Hauptperson versteht, kann das wahre, unbegrenzte Wesen hervorscheinen.

Ich vertraute mich Gurudschi voll an, doch er tat nichts, um mein Ego zu verletzen. Mein Leben in Madikeri war drei Jahre lang Sonnenschein. Ich hatte als Ausländerin eine bevorzugte Stellung in der Gruppe, und Gurudschi lobte mich oft und schenkte mir viel Zeit. Da er mir aufgetragen hatte, seine Vorträge auf Kassette aufzunehmen und abzutippen, gab es viele Berührungspunkte. Gurudschi war tatsächlich wie ein Freund und kam sogar in meinen Bungalow auf eine Tasse Tee.

Auch meine äußeren Lebensumstände gefielen mir. Mein Bungalow bot viel Raum, und ich konnte Gastfreundschaft erweisen – nicht nur Bekannten, die die Tatsache, dass ich in den Bergen lebte, im Hochsommer zu schätzen wussten, sondern auch Kühen, die sich vor Wolkenbrüchen auf meine Veranda retteten. Ich freute mich, als ich zum ersten Mal eine Gruppe von Kühen dort zusammengedrängt stehen sah. Besonders eine junge, weiße Kuh mit noch nicht voll ausgewachsenen Hörnern hatte es mir angetan. Als der Regen aufhörte und sie weiterzogen, ließen sie breiige Kuhfladen auf der Veranda fallen. Das dämpfte meine Freude, doch nur kurz. Als ich gerade überlegte, wie ich den Kot am besten loswerde, kamen einige Frauen aus einer Siedlung in der Nähe vorbei. Sie entdeckten die Fladen und fragten, ob sie sie einsammeln dürften. Nichts lieber als das! Ich gab ihnen eine Plastiktüte und sie sammelten den begehrten Kot mit bloßen Händen ein. Er dient zur Desinfizierung von Hauswänden aus Lehm und getrocknet als Brennstoff. Vielleicht waren die Fladen, welche die Kühe jedes Mal erst kurz bevor sie gingen fallen ließen, ihr Dankeschön für den Unterschlupf.

Die Kühe kamen oft, bis mein Vermieter einen Zaun um das Grundstück zog. Doch mit der weißen Kuh blieb ich in Kontakt. Sie erkannte mich auf der Straße, wenn wir uns begegneten, kam energischen und – wie mir schien – freudigen Schrittes auf mich zu und schaute mich mit ihren gutmütigen, friedfertigen Augen an. Wenn ich damals noch Fleisch gegessen hätte, hätte ich nach dieser Bekanntschaft sicher damit aufgehört. Ein Satz wie: »Die sollen doch ihre heiligen Kühe essen«, den ich im Westen gelegentlich hörte, klingt im indischen Kontext ziemlich grobschlächtig und zeugt auch nicht von einem großen Verständnis der wirtschaftlichen Situation.

Eine Zeit der Prüfung

Eines Tages kam mein Vermieter mit der Nachricht, dass sein Bruder von Chennai nach Madikeri ziehen wolle, sobald er sich von einem Unfall erholt hätte. Der Bungalow, in dem ich wohnte, gehörte diesem Bruder. Es war also eine Kündigung ohne genaue Zeitangabe.

Mein Guru kam mir zur Hilfe. Er bot nicht nur an, sondern drängte mich, in das fast fertige Untergeschoss seines neuen Hauses, das er direkt neben dem Meditationszentrum baute, jetzt schon einzuziehen. Ich tat es. Einige Monate später ließen sich neue Mieter in meinem Bungalow nieder. Der Bruder war in Chennai gestorben.

Mit dem Umzug begann für mich eine schwierige Zeit, die sich über zwei Jahre hinzog. Es war nicht weiter tragisch, dass die neue Wohnung mit zwei Zimmern, Küchenecke und Bad im Untergeschoss von Gurudschis neuem, noch überwiegend im Rohbau befindlichem Haus in mein früheres Wohnzimmer gepasst hätte. Auch dass ich keinen Strom hatte und mit einer Gaslampe auskommen musste, war in Ordnung.

Schlimmer war, dass direkt über meiner Zimmerdecke Schreiner Türen, Fenster und Möbel für das Haus zimmerten und mit Ausdauer bis tief in die Nacht hinein arbeiteten. Ich tröstete mich damit, dass die Schreiner selbst das Klopfen und Hämmern aushalten müssen, und zwar ihr Leben lang, während es in meinem Fall eines Tages hoffentlich aufhören würde.

Genauso schlimm wie das Hämmern war, dass die zwei jungen Dobermänner meines Nachbarn, rund fünf Meter von meinem Schlafzimmer entfernt angebunden, ohne Übertreibung die ganze Nacht hindurch bellten. Sie taten mir einerseits Leid und andererseits gingen sie mir auf die Nerven. Selbst Ohrenstöpsel halfen nicht. Es war Glückssache, wenn ich gelegentlich eine Stunde am Stück schlief.

Meine äußeren Umstände hatten sich von einem Tag auf den anderen enorm verschlechtert, und ich beschloss fast jede Nacht, auszuziehen, aber bei Tageslicht konnte ich es nicht vertreten, vor Hunden oder Schreinern zu kapitulieren. Immerhin hatte mir Gurudschi selbst die Wohnung in seinem Haus zur Verfügung gestellt, zweifellos eine Ehre.

Doch nicht nur meine Wohnsituation war nun schwierig. Auch meine Beziehung zu Gurudschi veränderte sich plötzlich radikal. Er wirkte bereits beim ersten Treffen nach meinem Einzug fast feindlich: »Du hast nur Buchwissen. Du hast keine Ahnung, worum es wirklich geht«, warf er mir an den Kopf. Er hatte sicher Recht, aber der Tonfall und die Art, wie er mich abschob, war völlig neu. Es wurde mit der Zeit schlimmer und war auch von den anderen nicht mehr zu übersehen.

»Du gehörst jetzt zum inneren Kreis«, versuchte es seine Schwester abzumildern. »Vorher hat er dich wie einen Gast behandelt – freundlich, zuvorkommend. Jetzt greift er dein Ego an, und das ist nur zu deinem Besten.« Ich war geneigt, die Geschichte mit dem Ego zu glauben. »Das Zusammensein mit einem Erleuchteten besteht darin, dass das Ego Schläge bekommt«, hatte Anandamayi Ma gesagt. Gurudschi hatte mich drei Jahre lang geschickt an sich gebunden, so fest, dass ich nicht gleich beim ersten Angriff auf mein Ego weglaufen würde. Nun spielte er endlich die Rolle des Gurus, und ich lief nicht weg.

Doch ich litt. Gurudschi hatte mehrere Anhänger aus Ban-

Gurudschi inmitten einiger seiner Schüler

galore, alles Frauen, die eines verband: Ihre Männer waren dagegen, dass sie sich Gurudschi zu Füßen warfen. Teilweise verboten sie ihren Frauen die Teilnahme an den Treffen. Doch die hatten wenig Skrupel in Bezug auf Notlügen, und Gurudschi billigte Ausreden, sofern es um ihn ging.

Einige dieser Frauen klärten mich nun auf, dass Gurudschi mich schlecht behandeln *muss*, weil es sonst niemand tut. In ihrem eigenen Fall würden nämlich ihre Männer oft genug ihr Ego verletzen und so die Rolle eines Gurus übernehmen. Mir fiel auf, dass ich tatsächlich ein freies Leben führte, niemandem Rechenschaft schuldete und mir von niemandem Vorwürfe anhören musste.

Außer vom Guru. Denn der Guru, so wird angenommen, hat nur das Wohl des Schülers im Auge und weiß, was ihm gut tut. Deshalb ist absoluter Gehorsam ihm gegenüber verpflichtend, sofern der Schüler an seinem eigenen Wohl interessiert ist.

Ich lernte Bescheidenheit, lernte, Tadel anzunehmen, ohne mich zu rechtfertigen, und mit der Zeit, ohne innerlich zu kochen oder todtraurig zu sein. Ich verlor meine Verlegenheit darüber, dass Gurudschi viel an mir auszusetzen hatte, und es machte mir allmählich nichts mehr aus, vor den anderen die Rolle des Prügelknaben zu spielen. Ich tippte auf meiner Schreibmaschine weiterhin brav alles, was Gurudschi bei den Treffen sagte, von der Kassette ab. Es war viel Arbeit und brachte keine Anerkennung. Doch war ein Fehler im Text, bekam ich überproportionale Schelte. Mein Ego war zweifellos unter starkem Beschuss. Es war jedoch noch lebendig: Es tat weh.

Eines Tages nahm ich meinen Mut zusammen, ging in sein Zimmer und fragte ihn: »Gurudschi, was kann ich tun, damit Sie nicht so hart zuschlagen müssen?«

»Was! Du zweifelst am Verhalten des Gurus? Das ist das größte Verbrechen überhaupt!«, kam es wie ein Donnerwetter über mich. »Du bist nicht fit für diesen Pfad. Es ist der höchste Pfad überhaupt. Für dich gibt es keine Hoffnung. Du kannst nur analysieren und rationalisieren. Ich werde dich aus der Gruppe werfen ...«

Ich wusste nicht, wie mir geschah. Es blieb mir nichts anderes übrig, als das Unwetter still über mich ergehen zu lassen. Es endete damit: »Von nun an darfst du nicht mehr mit mir sprechen, außer ich spreche dich an. Das ist die Strafe für Ungehorsam. Geh jetzt!«

Ich ging wie ein begossener Pudel aus seinem Zimmer. An der Tür stand eine junge Frau, freudestrahlend. Sie war von einer innerindischen Fluggesellschaft als Stewardess angenommen worden und wollte Gurudschi von ihrem Glück erzählen.

Ich hatte gedacht, dass es nicht schlimmer kommen könnte, als ich Gurudschi meine Frage stellte, in der Hoffnung, dass es besser würde. Doch es kam schlimmer. Gurudschi würdigte mich nicht nur keines Wortes, sondern auch keines Blickes mehr bei den Treffen. Mir war klar, dass ich nur zwei Optionen hatte: Entweder ich nehme es an oder ich gehe.

Eine Studentin in der Gruppe, mit der ich mich gut verstand und der ich alles erzählte, riet mir, es anzunehmen und nicht darüber nachzudenken. Ich selbst hielt es auch für falsch, beleidigt und verletzt das Weite zu suchen. Ich musste es annehmen, und nicht darüber nachzudenken war ein weiser Rat, auch wenn es nicht leicht fiel.

Dennoch fühlte ich mich einer unbeschreiblichen Belastung ausgesetzt – innerlich und auch körperlich, denn das Geklopfe der Schreiner und das Gebell der Dobermänner hielten unvermindert an. Meine Nerven waren angespannt. Doch ich war entschlossen, nicht wegzulaufen. Irgendwo tief in mir hatte ich das Vertrauen, dass es eine Chance sei, nachzugeben und mich der Situation, wie sie ist, ganz zu überlassen.

Nach knapp sechs Wochen rief mich Gurudschi in sein Zimmer. Ich konnte mein Glück kaum glauben. Er begann damit: »Die Suche nach dem Selbst ist eine äußerst ernste Angelegenheit. Willst du wirklich das Selbst? Denk darüber nach! Du bist frei zu gehen. Wenn du bleibst und nicht ernsthaft bist, werde ich dich hinauswerfen. Ich habe dich jetzt einen Monat lang getestet. Hier geht es nach mir, nicht nach dir!«

Dann wurde er sanfter: »Ich weiß, es ist schwer. Wir (und damit meinte er wohl sich) sind durch Ähnliches gegangen. Du darfst den Guru nicht beurteilen. Auch der Guru hat eine menschliche Seite, und wenn du dem Guru nahe bist, kannst du sie sehen und bildest dir ein Urteil. Du musst bereit sein, alles, absolut alles, was der Guru von dir verlangt, zu tun«, forderte er.

Ich war über alle Maßen erleichtert, dass Gurudschi wieder mit mir sprach. Er schaute mich bei den Treffen nun wieder an und bezog mich in Diskussionen ein. Ich fühlte mich leicht und genoss die Normalität, so wie man nach einer Krankheit das Geschirrabwaschen genießt. Es war ein harter Test gewesen, und der war nun vorbei. Ich war nicht weggelaufen, war durch die Hölle gegangen und am anderen Ende heil herausgekommen. Und ich hatte die besten Absichten, in Zukunft alles anzunehmen, was immer mein Guru tun würde, und meine Gedanken, falls sie Einwände vorbrächten, nicht ernst zu nehmen. Ich war mir sicher, dass es mir leicht fallen würde, denn den schlimmsten Teil, so dachte ich, hatte ich hinter mir.

Es kam anders. Nur drei Monate später kamen mir plötzlich Zweifel, ob Gurudschi wirklich nur unser Wohl und nicht sein eigenes im Auge hat. Ob er wirklich die Kompetenz hat, seinen Schülern bei der Erkenntnis der Wahrheit zu helfen.

Den ersten Riss bekam mein Glaube an Gurudschi, als er einmal kurz vor dem Mittagessen im Zentrum einen Schwächeanfall hatte. Er legte sich auf das Bett im Gästezimmer und wirkte äußerst besorgt um seine Gesundheit, was ich nicht erwartet hätte. Er wurde ins Krankenhaus gebracht und allen möglichen Tests unterzogen. Es war nichts Ernsthaftes, einfach nur Überanstrengung.

Im Krankenhaus waren am Ende des Flurs Handwerker zu Gange. Der Lärm störte Gurudschi, und er tauschte mit jemandem das Zimmer. Ich war überrascht und fragte mich, ob er wirklich wusste, was ich in den letzten zwei Jahren an Krach in seinem Haus ausgehalten hatte, und wie zitterig und nervlich am Ende ich mich oft gefühlt hatte. Ich hatte es ihm einmal mitgeteilt, worauf er meinte, ich wäre überempfindlich.

Bald darauf hatte ich außerdem den Eindruck, dass er persönliche, menschliche Vorlieben hat, und mir kamen Zweifel, ob er wirklich erleuchtet war und seine Schüler kompetent anleiten konnte.

Meine Zweifel waren der Anfang vom Ende meiner Zeit mit Gurudschi, denn es gab keine Beweise, dass sie unberechtigt gewesen wären. Es gab nur den Glauben, und zu dem war ich wieder einmal nicht mehr bereit. Diesmal war ich mir sicher, dass er der letzte Guru war, den ich auf ein Podest gehoben und dem ich mich vertrauensvoll hingegeben hatte. Gleichzeitig war ich dankbar für die Zeit mit ihm und besonders für den starken Beschuss meines Egos.

Gurudschi wirkte völlig überrascht, als ich ihm sagte, dass ich nicht mehr zu den Treffen kommen und aus seinem Haus ausziehen würde. Er hatte nicht gemerkt, dass ich mich allmählich von ihm entfernt hatte, und versuchte mich zu halten: »Maria, die letzten Schritte auf dem spirituellen Weg sind schwierig«, so als ob ich kurz vor dem Ziel stünde und es dumm wäre, jetzt abzuspringen. Doch ich war mir im Klaren. Ich hatte meinen starken Glauben an ihn verloren und war erleichtert darüber.

Ich habe viel darüber nachgedacht, wie die magnetische Anziehung zu einem Guru entsteht, die in der Lage ist, absolut alles zu rechtfertigen, was er tut. Ich weiß es nicht. Und ich weiß auch nicht, wie es dazu kommt, dass der Bann wieder bricht. Doch ich bin mir sicher, dass es einen inneren Guru gibt, der ewiglich wachsam ist und das Steuer übernimmt, sobald das Ego das Steuer – und sei es nur für einen kurzen Moment – aus der Hand gibt. Gurudschi hatte behauptet: »Der Guru verlässt seinen Schüler nie, selbst wenn der Schüler ihn verlässt.« Ich merkte, dass es dieser innere Guru ist, der einen nie verlässt und optimal durchs Leben führt.

Reine Liebe in dunkler Gestalt: Bei Amma

NUN WAR ICH WIEDER FREI, und diesmal hatte ich wirklich die Absicht, nach Dehradun zu ziehen. Doch vorher wollte ich Mata Amritanandamayi bzw. Amma (Mutter), wie sie allgemein genannt wird, aufsuchen. Indien hat zu jeder Zeit große Geister hervorgebracht, und Amma (oder Ammachi) ist ohne Zweifel ein ganz großer Geist der heutigen Zeit. Sie ist die Mutter schlechthin, die Zuflucht ist und jeden liebevoll in ihre Arme nimmt. Die indische Überlieferung berichtet von vielen Heiligen, die unmenschlich Schweres durchmachten und ein leuchtendes Beispiel für ihre Mitmenschen wurden. Ammas Lebensgeschichte wird zweifellos in diese Annalen eingehen.

Sie wurde am 27. September 1953 als viertes von neun Kindern in eine arme Fischerfamilie auf einer schmalen Landzunge zwischen dem Meer und den Lagunen in Kerala geboren. Sie liebte schon als Kind Krishna über alles. Besonders ihre Mutter ging jedoch hart mit ihr um. So hart, dass es ihr später, als Amma ins Rampenlicht rückte, peinlich war, wenn Journalisten sie interviewen wollten. Amma hatte eine sehr dunkle Hautfarbe, viel dunkler als die ihrer Eltern und Geschwister, ihre Mutter nahm ihr das übel und bestrafte sie dafür. Amma, nicht ihre Schwestern, musste nach der vierten Klasse den Schulbesuch aufgeben und den ganzen Haushalt versorgen. Amma nahm ihrer Mutter die vielen Schläge jedoch nicht übel. »Sie konnte und wusste es nicht anders«, sagte sie.

Auch ihr ältester Bruder hatte ihr das Leben schwer gemacht. Er war ein erklärter Atheist und Ammas enge Verbindung bzw. Identifikation mit Krishna war ihm ein Dorn im Auge. Amma fiel oft in Ekstase und verlor das Bewusstsein für ihre Umwelt. Oder sie umarmte jeden, der zu ihr kam, und tanzte vor Freude. Ihr Bruder hielt das für eine Schande für seine Familie und wollte sie kurieren.

Söhne des Grundbesitzers aus dem Dorf, unterstützt von ihrem ältesten Bruder, gründeten eine »Gesellschaft zur Abschaffung blinden Glaubens«. Sie rekrutierten rund 1000 »Rationalisten«, wie sie sich nannten, aus den umliegenden Dörfern für ihre Gesellschaft. Diese »Rationalisten« taten ihr Bestes, um Amma das Leben zur Hölle zu machen. Ihr Bruder versuchte schließlich sogar, sie mit Hilfe seiner Cousins zu ermorden. Derjenige, welcher ihr das Messer an die Brust setzen wollte, fiel jedoch mit akuten Schmerzen in seiner eigenen Brust plötzlich zu Boden. Er wurde ins Krankenhaus gebracht, spuckte Blut und starb einige Zeit später, getröstet von Amma an seiner Seite. Sie hegte keine Rachegedanken. »Er hat einfach nur die Frucht seines Handelns geerntet«, sagte sie später.

Ihr Bruder erkrankte bald darauf an Elefantiasis. Er litt schwer unter seinen verdickten, elefantenartigen Beinen und beging im Juni 1978 Selbstmord. Die »Rationalisten« versuchten, Amma durch Gift, schwarze Magie und sogar einen angeheuerten Mörder zu töten. Alle Versuche schlugen auf wunderbare Weise fehl. Sie konnten nicht verhindern, dass immer mehr Menschen zu Amma strömten und sie verehrten. Anfang der achtziger Jahre hatten sich ihre Feinde schließlich verausgabt, und viele jener, die sie in den siebziger Jahren vehement bekämpft hatten, halten sie heute ebenfalls in hohen Ehren.

»Deine heutigen Feinde werden morgen deine Freunde sein«, hatte Amma ihrem Vater einmal vorhergesagt, als der sich bitterlich beklagt hatte, dass er wegen seiner Tochter so viele Feinde hätte. Sie hatte ihm auch vorhergesagt, dass einmal aus der ganzen Welt Leute zu ihr kommen und sie selbst um die Welt reisen würde. Das schien zu jenem Zeitpunkt unvorstellbar. Sie war noch nicht einmal in Kanya Kumari, der nahe gelegenen Südspitze Indiens, gewesen. Doch es stimmte. Amma reist jedes Jahr um die Welt, und Leute aus allen Ländern setzen mit dem Boot zu der Landzunge über, auf der Amma geboren wurde und auch heute noch ihr Zuhause hat.

Auch ich setzte im Dezember 2000 mit einem Boot über die Lagune zu dem schmalen Landstreifen voller Palmen an der Meeresküste über. Die Sonne stand noch niedrig, als der Kahn in Amritapuri anlegte, denn ich war mit dem Nachtzug frühmorgens am nächstgelegenen Bahnhof angekommen. Von einem einfachen Fischerdorf war nichts mehr zu erkennen. Es ragten stattdessen solide, in rosa gehaltene Bauten bis über zwölf Stockwerke hoch in den Himmel. Da das Land knapp ist, dehnt sich der Aschram mit seinen 2000 Bewohnern vertikal aus.

Ich lief als Erstes einer Frau, die ich aus Sai Babas Aschram kannte, über den Weg. Sie sah so aus, wie ich in Puttaparthi ausgesehen hatte, dünn und unglücklich, aber sie war herzlich und hilfsbereit: »Komm und stell deine Tasche in meinem Zimmer ab. Das Büro macht erst gegen 10 Uhr auf. Du kannst bei mir duschen und dann gehen wir frühstücken.« Ich war dankbar für ihr Angebot. Sie hauste mit zwei anderen Frauen in einem Zimmer – seit zwei Jahren.

Ich weiß aus eigener Erfahrung, dass man sich daran gewöhnen kann und sogar dankbar dafür ist. Und das Unglücklichsein mag einem im Endeffekt gut tun. Es ist ein Stadium, das vorübergeht. Doch ich war froh, dass ich diese Zeit hinter mir hatte. So beeindruckt ich von Ammas Biografie war, war ich war mir doch sicher, dass ich nur wenige

Amma, voller Liebe

Tage im Aschram bleiben würde. Stützen wollte ich mich jetzt auf mich selbst bzw. auf das eine Selbst, das alles durchdringt. Doch da dieses Selbst in Amma zweifellos klarer zum Durchschein kam als in mir, schätzte ich die Gelegenheit, sie persönlich erleben zu dürfen.

Am Vormittag kam Amma dann in den Tempel, hielt einen kurzen Vortrag und leitete eine Meditation an. Sie wirkte klein, rundlich und mütterlich, und ihr Gesicht strahlte. Es waren viele Ausländer anwesend, denn Weihnachten stand vor der Tür. Amma sprach in Malayalam, ihrer Muttersprache, das ins Englische übersetzt wurde. »Atme Liebe ein und Licht aus«, riet sie. »Das Licht verbreitet sich weit und breit beim Ausatmen.« Es herrschte eine stille, wohltuende Atmosphäre.

Am Ende stellten sich einige Leute in einer Reihe vor Amma auf, und sie nahm den ersten in ihre Arme.

»Bist du heute erst angekommen?«, fragte mich eine Ausländerin, der ich als neues Gesicht aufgefallen war.

»Ja, heute früh.«

»Dann kannst du dich der Reihe anschließen.«

Ich zögerte. Irgendwie fühlte ich mich nicht darauf vorbereitet. Es standen nur noch rund fünf Leute an, als sie mich noch mal drängte: »Geh zu ihr hin. Es ist deine Chance.«

Amma drückte mich an ihre Schulter und flüsterte etwas, was ich nicht verstand, in mein Ohr. Ich schaute zu ihr auf. Dann drückte sie noch mal meinen Kopf an ihre Schulter. Als ich mich danach wieder auf meinen Platz setzte, fühlte sich mein Inneres äußerst wohlig an. Ich wollte nicht aufstehen, als alle aufstanden und gingen. Ich wusste, dass Essenszeit war und ich womöglich das Mittagessen verpasste, doch das war mir, völlig untypisch für mich, egal. Ich war allein im Raum und genoss dieses Wonnegefühl. Schließlich kam jemand und fegte den Boden. Ich stand notgedrungen auf. Das Mittagessen war schon vorbei.

Am nächsten Tag war *Darshan*-Tag, das hieß, Amma würde jeden, der kommt, umarmen. Der Aschram war plötzlich voller Besucher, schätzungsweise 2–3000, und Amma saß fünf Stunden lang bis in den Nachmittag hinein in der gleichen Stellung und nahm einen nach dem anderen in die Arme. Ich wollte ihr zumindest eine Umarmung ersparen und stellte mich nicht an. Doch jemand holte mich unerwartet zu einem Hilfsdienst: Ich saß rund 20 Minuten lang direkt neben Amma und reichte ihr das *Prasad*. *Prasad* wird die gesegnete Gabe, zum Beispiel Süßigkeiten, Blumen oder heilige Asche, genannt, die in Tempeln oder von Heiligen verteilt wird. Amma drückte jedem nach der Umarmung ein kleines Tütchen mit Bonbons in die Hand. Ich musste sehr aufmerksam sein, denn es ging schnell. Ich gab ihr drei Tütchen in ihre linke Hand. Wenn sie sie verteilt hatte, streckte sie ihre Hand kurz in meine Richtung und ich musste die nächsten Tütchen bereit haben.

Am darauf folgenden Sonntag stellte ich mich jedoch noch einmal in die Reihe für eine Umarmung. Es war ein besonderer Tag. Amma identifizierte sich mit der göttlichen Mutter, Devi Bhava genannt.

Den ganzen Tag über strömten Leute in den Aschram. Es wimmelte vor Menschen, die sich überall für eine lange Nacht ausbreiteten. Es herrschte Festtagsstimmung. Am späten Nachmittag hielt Amma eine Rede und sang danach mit viel Gefühl Lieder.

Gegen 7 Uhr verschwand sie kurz. Sie zog ihren einfachen weißen Baumwollsari aus und kam in einem prachtvollen roten Seidensari und einer kleinen Krone auf ihrem Haupt wieder. Die äußere Erscheinung rundete ihre Identifizierung mit Devi, der göttlichen Mutter, ab.

Inzwischen formierten sich zwei Warteschlangen in der großen, offenen Halle in Richtung Bühne – eine für Männer und eine für Frauen. Amma setzte sich auf ein Kissen auf einem niedrigen Podest auf der Bühne und einer nach dem anderen kniete vor ihr nieder und wurde in die Arme genommen. Die Ersten in der Warteschlange waren behinderte Kinder. Es war rührend, die Kinder in Ammas Umarmung zu sehen. Ein Bildschirm zeigte in Nahaufnahme, was auf der Bühne vor sich ging, sodass auch jene, die hinten saßen, Ammas Gesichtsausdruck beobachten konnten. Ihr Gesicht schien noch weicher, liebevoller und strahlender als sonst.

Jeder hatte eine Nummer erhalten, meine Nummer würde nachts gegen 2 Uhr an der Reihe sein, sagte man mir. Ich ging gegen 10 Uhr in mein Zimmer, das ich mit drei Frauen teilte, und schlief einige Stunden.

Als ich etwas verschlafen mitten in der Nacht wieder auftauchte, saß Amma bereits seit über sechs Stunden auf ihrem Kissen in der gleichen Stellung und drückte Männer, Frauen und Kinder an sich. Ihr Gesicht wirkte genauso weich, liebevoll und strahlend wie vor sechs Stunden, und sie schenkte jedem Einzelnen volle Aufmerksamkeit.

Amma als Devi – noch weicher und liebevoller als sonst

Ich hatte fast ein schlechtes Gewissen, dass ich geschlafen hatte. Während ich mich langsam in der Warteschlange der Bühne näherte, überlegte ich hin und her, ob ich mir von Amma ein Mantra geben lassen sollte. Ich wusste es einfach nicht. Normalerweise flüstert der Guru seinem Schüler ein Mantra ins Ohr, das aus einer oder mehreren kraftvollen Silben besteht. Gurudschi hatte mich in *Soham* eingeweiht. Und ich hatte selbst von Beginn meines Lebens in Indien an »Om namah Shivay« wiederholt. Babadschi hatte es ständig singen lassen, und ich fühlte mich wohl damit.

Ich überlegte hin und her, denn einerseits wollte ich ein Mantra, andererseits wollte ich mich nicht mehr auf einen Guru einlassen, zumindest nicht mehr in der Form, wie ich es bei Satya Sai Baba und Gurudschi getan hatte. Damals hatte ich sozusagen den Gott in mir durch den Guru ersetzt, hatte im Guru nur Göttlichkeit gesehen und in mir nur das Ego. Ich hatte dem Guru voll vertraut, hatte alles getan, was er verlangte, und mich und mein Leben ihm übergeben. Im Nachhinein kam es mir so vor, als ob ich dadurch meine eigene, innere Kraft abgegeben bzw. veräußerlicht hatte. Vielleicht hatte ich damals auch kein Vertrauen in meine eigene Kraft und die zeitweilige Projektion in den Guru half sie zu entwickeln. Wie auch immer. Ich war nun nicht mehr bereit, mich einem Guru zu unterwerfen, und sah die Guru-Schüler-Beziehung in einem anderen Licht. Ich wollte mich nicht mehr von einem Menschen abhängig machen, auch dann nicht, wenn dieser Mensch wunderbar, rein und erleuchtet ist.

Als ich mich in der Warteschlange Amma näherte, wusste ich nicht, ob ich Amma um ein Mantra bitten darf, ohne sie als meinen Guru zu betrachten. Andererseits mochte Ammas Mantra eine Chance bieten, tiefer ins eigene Sein einzutauchen.

Ich hatte nämlich im Aschram einige Spanier und Italiener kennen gelernt, die sich im Zimmer eines Aschramiten namens Vibhu täglich zur Meditation einfanden und mich dazu einluden. Vibhu war seit langem bei Amma und gab Meditationskurse auch im Westen. Er war sympathisch und riet, das von Amma gegebene Mantra als Einstieg in die Meditation zu wiederholen. Alle hatten ein Mantra von Amma, bis auf mich, daher wiederholte ich »Om namah Shivay«. Meine Meditation in Vibhus Zimmer war gut – viel besser als sonst.

Vibhu riet mir, Amma um ein Mantra zu bitten, wenn sie sich mit der göttlichen Mutter identifizierte. Amma flüsterte nämlich nur dann so genannte Samen-Mantras ins Ohr.

»Was ist der Unterschied zwischen einem allgemeinen Mantra wie ›Om namah Shivay‹ und einem geheimen Samen-Mantra?«, fragte ich Vibhu. Er erklärte es mit einer Analogie: »Ein allgemeines Mantra ist mit einem breit gestreuten Medikament zu vergleichen, das du dir selbst verordnest und beim Apotheker holst. Ein Samen-Mantra dagegen ist ein vom Arzt speziell für deinen Fall verschriebenes Medikament.«

Nun stand ich in der Warteschlange auf der Frauenseite bereits auf der Bühne und wusste immer noch nicht, ob ich Amma um ein Mantra bitten durfte. Mir kam plötzlich die Idee, sie einfach zu fragen.

»Yes, yes«, antwortete sie auf meine Frage und drückte mich an sich. »Setz dich hinter mich auf die Bühne«, sagte sie, bevor ich aufstand und wegging. Eine Helferin wies mir einen Platz schräg hinter Amma zu. Das Mantra würde sie nach dem *Darshan* geben.

Das Gefühl nach der Umarmung war weniger intensiv als beim ersten Mal. Wahrscheinlich waren die Umstände und mein innerer Zustand dafür verantwortlich. Beim ersten Mal war die Reihe nur ungefähr 20 Leute lang und Amma ließ sich Zeit. Bei der *Devi Bhava* drängten sich ungefähr 10 000 Menschen im Aschram, die alle von Amma in die Arme genommen werden wollten. Verständlich, dass die Helfer denjenigen, der als Nächstes an der Reihe war, drängten, möglichst schnell auf den Knien zu Amma hinzurutschen und nach der Umarmung schnell aufzustehen und dem Nächsten Platz zu machen. Außerdem war ich mit meiner Frage beschäftigt gewesen.

Die nächsten Stunden saß ich nur zwei Meter von Amma entfernt und konnte sie gut beobachten. Sie war in Licht gebadet, und was sie tat, war schier menschenunmöglich. Sie hieß jeden mit dem gleichen, liebevollen Lächeln willkommen, drückte ihn oder sie resolut an sich, flüsterte etwas ins Ohr und gab *Prasad*. Einige nahmen mehr Zeit in Anspruch, stellten Fragen oder erzählten Amma ihr Problem, doch die meisten waren mit der Umarmung zufrieden. Nur einmal wich Amma kurz von der Routine ab und nahm einen Schluck aus einem Becher, den ihr ein Helfer reichte. Gegen 5 Uhr begann eine Assistentin damit, Ammas Rücken zu massieren, doch Amma ließ sich dadurch nicht stören. Sie saß weiterhin in der gleichen Position und drückte Leute an

Der Tempel in Amritapuri

sich, bis die Warteschlange zu Ende war. Das war um halb 9 am nächsten Morgen.

Amma blieb jedoch noch sitzen, und nun kamen rund 100 Leute noch einmal zu ihr, darunter ich, denen sie ein Mantra ins Ohr flüsterte. Jeder hatte vorher auf einen Zettel geschrieben, welcher Gott ihm am liebsten ist. Inder haben viele Götter und Göttinnen, und jeder kann sich aussuchen, zu wem er sich am meisten hingezogen fühlt. Diese Götter sind liebenswerte Symbole bzw. Bindeglieder zum formlosen *Brahman*, denn es ist nicht leicht, etwas Formloses zu lieben. Es gibt viele, nette mythologische Geschichten über die Götter, sie sind wie gute Bekannte, jederzeit ansprechbar, und machen es einem leicht, sie zu lieben. Und es tut gut, einen liebenden Ansprechpartner in dieser Welt zu haben, solange wir noch nicht erkennen, dass wir eins mit allem und selbst göttlich sind. Amma gab entsprechende Mantren, je nachdem, was auf dem Zettel stand. Westler konnten auch Jesus oder Buddha darauf schreiben.

Amma schaute kurz auf meinen Zettel und flüsterte mir ein Mantra ins Ohr. Eine Helferin, die genau zuhörte, schrieb es auf und gab mir den Zettel. Später erklärte die Helferin, in welchem Tempo und wie oft das Mantra zu wiederholen sei. Ich freute mich über das Mantra.

Gegen 9 Uhr stand Amma schließlich auf. Ich konnte kaum glauben, dass ihre Beine sie trugen. Sie stand auf der Bühne, strahlend, keine Spur von Müdigkeit oder Erschöpfung und lächelte uns, die wir noch übrig geblieben waren, an. Die meisten waren bereits zurück in ihre Dörfer oder Städte gefahren und wahrscheinlich schon bei ihrer Arbeit.

Diese Nacht war keineswegs eine Ausnahme für Amma. Sie scheint kaum Schlaf zu brauchen. Weit über 20 Millionen Menschen aus der ganzen Welt hat Amma bis 2006 in ihre Arme genommen. Jeder, der will, hat Zugang zu ihr. Auf die Frage, wie sie diese langen Sitzungen durchsteht, antwortete Amma einmal: »Wo Liebe ist, ist keine Mühe.«

»Gott ist nicht ein begrenztes Individuum, das allein auf einem goldenen Thron in den Wolken wohnt. Gott ist reines Bewusstsein, das in allem ist. Verstehe diese Wahrheit und lerne jeden gleichermaßen anzunehmen und zu lieben«, rät Amma. Und sie tut, was sie predigt. Als ein Journalist sie einmal fragte, wie sie es schaffte, selbst Kranke und Kriminelle gleich liebevoll zu umarmen, antwortete sie: »Wenn eine Biene um die Blumen in einem Garten schwirrt, sieht sie nicht die unterschiedlichen Blumen, sondern den Honig, der in ihnen ist. Ähnlich sieht Amma das höchste Selbst in jedem.«

Es war die Geschichte von Dattan, dem Leprakranken,

die mich in Ammas Biografie am meisten berührt hatte und die der Auslöser dafür war, dass ich zu ihr nach Kerala fuhr:

Dattan aus dem Dorf Perumpalli in Kerala erkrankte als Jugendlicher an Lepra. Seine Familie warf ihn aus dem Haus und er wurde zum Bettler. Die Krankheit verschlimmerte sich, sein ganzer Körper war mit eitrigen, blutigen Wunden bedeckt. Er wickelte ein Tuch um sich, doch das klebte an den Wunden. Fliegen schwirrten ständig um ihn herum. Selbst andere Bettler ließen ihn nicht in ihrer Nähe essen oder schlafen, und die Leute hielten sich die Nase zu, wenn sie an ihm vorbeigingen. Er konnte kaum noch sehen, denn seine Augen waren nur noch schmale Schlitze. Jahrelang hörte er kein nettes Wort. »Ich hatte ein furchtbar elendes, verzweifeltes Leben und keine Hoffnung mehr«, sagte er selbst.

Dann hörte er von Amma. Er kam während der *Devi Bhava* zum Tempel, doch die Leute in Ammas Umgebung schreckten vor ihm zurück und drängten ihn, zu verschwinden. Seine Wunden stanken.

Amma sah ihn jedoch und rief ihn zu sich. Er konnte kaum glauben, dass sie ihn wie jeden anderen behandelte. Sie drückte ihn an sich und tröstete ihn. Dann leckte sie mit ihrer Zunge seine Wunden und saugte Eiter und Blut heraus. Einige, die das beobachteten, mussten sich übergeben, andere fielen in Ohnmacht und wieder andere weinten vor so viel Liebe und Mitleid.

Dattan kam nun zu jeder *Devi Bhava*. Amma gab ihm vorher ein Bad und rieb heilige Asche über seinen Körper. Seine Wunden heilten, nur die Narben seiner schrecklichen Krankheit blieben. Ammas Speichel war seine Medizin. Seine Augen öffneten sich und er konnte wieder sehen.

Amma sagte über Dattan: »Amma sieht nicht seinen äußeren Körper. Sie sieht nur sein Herz. Er ist mein Sohn und ich bin seine Mutter. Kann eine Mutter ihren Sohn verlassen?«

Sich glücklich atmen: Bei Sri Sri Ravi Shankar

DIE »ECONOMIC TIMES« NANNTE AMMA und Sri Sri Ravi Shankar im Jahr 2005 die bedeutendsten »Brand Ambassadors« Indiens. Sie erhöhten entscheidend das Ansehen Indiens im Ausland. Bezeichnenderweise sind beide spirituelle Persönlichkeiten. Indien ist immer noch der spirituelle Lehrer der Welt.

Sri Sri, wie Sri Sri Ravi Shankar abgekürzt wird, wurde am 13. Mai 1956 in einem Dorf in Tamil Nadu geboren. Er hatte es in seiner Jugend leichter als Amma. Auch er zeigte früh eine Neigung zu Meditation und rezitierte schon mit vier Jahren Verse aus der »Bhagavadgita«. Seine Eltern unterstützten ihn jedoch. Sie ließen ihn sowohl die Veden als auch Physik studieren.

Mehrere Gurus beeinflussten ihn, am meisten Maharishi Mahesh Yogi, der die Transzendentale Meditation im Westen einführte. Sri Sri lebte einige Zeit in dessen Aschram in Rishikesh am Ganges. Als er sich einmal mehrere Tage lang zur Meditation zurückzog, hatte er eine Eingebung. Diese Eingebung geht heute unter der Bezeichnung *Sudarshan Kriya* rund um die Welt. Es ist eine Atemtechnik, die Stress und Giftstoffe im Körper abbauen und innerlich reinigen soll und die er seither an Millionen Menschen vermittelte – und die Zahl steigt weiter.

Ein Sitznachbar in einem Überlandbus in Südindien gab mir schon in den achtziger Jahren die Adresse vom Aschram Ravi Shankars, rund 20 Kilometer südlich von Bangalore. Er erzählte, dass der *Sudarshan Kriya* ihm viel gebracht habe. Ich konnte mir unter *Sudarshan Kriya* nichts vorstellen und ignorierte die Notiz in meinem Adressbuch jahrelang.

In den neunziger Jahren stieß ich dann in einer deutschen Zeitschrift auf einen Artikel über Sri Sri und sein Zentrum in Bad Antogast im Schwarzwald. Sein jugendliches, entspanntes Gesicht strahlte über eine ganze Seite. Er sah aus, wie man sich Jesus vorstellt – langes, schwarzes Haar bis über die Schultern, Bart, ruhiger Blick und sympathisch. Mir fiel mein Adressbuch ein. Gurudschi hätte es womöglich als Untreue ausgelegt, wenn ich zu einem anderen Guru gefahren wäre. Erst nachdem ich Gurudschi verlassen hatte, machte ich mich auf den Weg nach Bangalore.

Mir war ziemlich am Anfang meiner Zeit in Indien bei Yogaübungen zum ersten Mal aufgefallen, wie oft ich meinen Atem unnötigerweise anhalte oder wie flach ich im Grunde atme oder dass ich nicht voll ausatme. Selbst bei einfachen Tätigkeiten stockte mein Atem. Ich nahm mir zwar vor, darauf zu achten, aber vergaß es die meiste Zeit.

Nun wollte ich einmal unter fachmännischer Aufsicht intensiv atmen. Denn darum handelt es sich beim *Sudarshan Kriya*. So viel hatte mir der Busnachbar, der mir die Adresse gab, verraten.

In dem weitläufigen Aschram, der sich über hügeliges Gelände ausbreitet, begegneten mir eine ganze Reihe junger Männer, die dort mithalfen und alle so aussahen wie Sri Sri: Ihr schwarzes Haar fiel bis über die Schultern und ihr Bart über die Brust. Sie waren schlank und in weiße Tücher gehüllt. Sie waren freundlich und wirkten sympathisch, bis auf einen aus der Reihe fallenden, etwas rundlichen, kurzhaarigen und sehr bestimmten Mann an der Kasse. Er befand, dass ich die Gebühr für Ausländer zahlen müsse, die viel höher war als die für Einheimische. Dass ich bereits seit 20 Jahren in Indien lebte und kein deutsches Monatsgehalt bezog, ließ er nicht gelten. Irgendwie hatte ich Verständnis für die Regel, dass Ausländer mehr zahlen. Wir profitieren ohnehin ungemein von den billigen Lebenshaltungskosten.

Bei der Registrierung wurde ich nach Krankheiten gefragt, vor allem, ob ich Probleme mit dem Herz habe, und musste unterschreiben, dass ich die »Art of Living Foundation«, das ist die Gesellschaft, die Sri Sri Ravi Shankar 1982 nach der Eingebung des *Sudarshan Kriya* gründete, nicht zur Verantwortung zöge, falls etwas schief liefe.

Ich war etwas nervös. Meine Gesundheit war nie robust gewesen und ich war mir nicht sicher, was mit dem *Sudarshan Kriya* auf mich zukommen würde. Bei meiner Einschulung hatte mir der untersuchende Arzt ein Loch im Herzen diagnostiziert. Ich sollte nicht Fahrrad fahren und nicht auf Berge steigen. Das blieb mir in Erinnerung, obwohl ich natürlich Fahrrad fuhr und auf Berge stieg, sogar auf 5600 Meter Höhe, dem höchsten befahrbaren Pass der Welt in Ladakh, und dort ohne irgendwelche Probleme herumlief.

Ich verschwieg das Loch im Herzen. Es war zu vage. Vielleicht hatte ich es gar nicht. Und wenn mein Herz versagen soll, dann versagt es eben, dachte ich. Ich unterschrieb den Zettel, unterschrieb auch, dass ich den Kursinhalt nicht weitergebe.

Wir waren 44 Teilnehmer, alle Inder bis auf mich, Frauen und Männer ziemlich gleich vertreten. Unsere Lehrerin war eine junge Ärztin namens Jayshri aus Bangalore. In früheren Jahren gab Sri Sri selbst die Kurse, doch diese Zeiten sind vorbei. Er hat ein Netz von Lehrern aufgebaut, die er auswählt und trainiert. Sie arbeiten auf freiwilliger Basis.

Es ist möglich, sagt Sri Sri, dass du dich in jeder Situation so wohl und entspannt fühlst, als ob du daheim im Wohnzimmer auf dem Sofa sitzt. Er spricht aus Erfahrung. Ich erlebte einmal, wie er auf der Bühne vor rund 500 Zuschauern einschlief. Sein Kopf fiel gelegentlich zur Seite, dann richtete er ihn wieder auf, bis er wieder zur Seite fiel. Er war eingeschlafen, als *Bhadschans*, von Harmonium und Trommeln begleitete religiöse Lieder, gesungen wurden. Im Anschluss daran war sein Vortrag geplant. Seine Adjutanten warfen sich teils amüsierte, teils hilflose Blicke zu, denn längst war es Zeit für seinen Vortrag. Als die Musik schließlich auf eine forsche Entscheidung hin abrupt stoppte und ungewohnte Stille eintrat, öffnete Sri Sri langsam die Augen. Er orientierte sich kurz, lächelte und begann mit seinem Vortrag. Keine Verlegenheit, keine Entschuldigung, kein Verstecken-Wollen seinerseits. Er fühlte sich wie bei sich im Wohnzimmer inmitten seiner Familie.

Jayshri saß ruhig, selbstbewusst und schön mit ihren großen, dunklen Augen und in einem *Sari* im Schneidersitz vorne auf der kleinen, erhöhten Bühne auf ihrem Polster. Auch sie schien sich wie in ihrem Wohnzimmer und zu uns gehörig zu fühlen. Dieses Gefühl der Zugehörigkeit zu anderen ist Sri Sri wichtig. Verständlicherweise, wenn wir alle im Grunde eins sind. Jayshri bat uns als Erstes, aufzustehen und uns miteinander bekannt zu machen. Jeder sollte jeden Einzelnen ansprechen und sich vorstellen. Und zum Schluss sagen: »Ich gehöre zu dir« (I belong to you).

Wir sprachen anschließend darüber, wie unwohl wir uns bei diesem Satz gefühlt hatten. Manche nuschelten ihn schnell vor sich hin. Andere sagten ihn gar nicht. Einige sagten ihn herzlich und offen. Ich hatte es mir leicht gemacht, indem ich auf mein Gegenüber so reagierte, wie er oder sie sich mir vorstellte. Da ich die einzige Ausländerin war, kamen alle wie selbstverständlich auf mich zu. Ich musste nicht den Anfang machen. Wenn jemand schnell nuschelte, nuschelte ich auch schnell. Wenn jemand den Satz ausfallen ließ, war ich auch sofort dazu bereit. Und wenn jemand laut und klar sagte, und zu jenen gehörte Jayshri: »Ich gehöre zu dir«, brachte ich es auch laut und klar über die Lippen.

Wir fingen langsam mit vorbereitendem *Pranayama*, den alten indischen Atemtechniken an. »Wie fühlt ihr euch?«, fragte Jayshri nach der ersten Übung. »Schwindlig«, antwortete ich. Meine Kapazität für Luft bzw. für *Prana*, die im Atem enthaltene Lebensenergie, war gering. Das Schwindelgefühl verging mit der Zeit.

Mit einer Mischung aus Yoga, *Pranayama*, praktischen Lebensweisheiten und psychotherapeutischen Methoden schuf Jayshri eine vertraute Atmosphäre, in der wir uns bald tatsächlich zueinander gehörig fühlten. Als wir am ersten Abend mit Köfferchen an der Rezeption eingetroffen waren, hatten wir uns skeptisch beäugt. Beim Abschied mochten wir uns alle und waren dankbar für die gemeinsame Zeit.

Der Kern des Kurses ist der *Sudarshan Kriya*. Er stand erst nach längerer Vorbereitung auf dem Programm. Es ist eine intensive Atemtechnik, über die es inzwischen eine ganze Reihe von medizinischen und psychologischen Untersuchungsergebnissen gibt. Auf einer Konferenz über indische Psychologie in Pondicherry referierten Doktoren darüber, dass der *Kriya* nicht nur bei Depressionen und psychosomatischen Krankheiten, sondern auch zum Beispiel bei Bluthochdruck und Diabetes helfen kann.

Auf mich wirkte der *Sudarshan Kriya* stark, vermutlich, weil ich vorher nie so lange so bewusst geatmet hatte und zum ersten Mal so viel Sauerstoff in mein System einzog. Zeitweise hatte ich das Gefühl, dass es an meine Grenzen ging. Doch ich hielt mich an die strikte Anweisung: »Weiteratmen! Egal, was passiert.« Streckenweise übermannten mich dösige Gedanken und ich vergaß das Atmen. Wir waren jedoch unter Kontrolle. Sofort war ein Helfer an meiner Seite und atmete mir laut ins Ohr. Das weckte mich auf und ich atmete weiter.

Bei der Entspannung nach dem Atmen, flach auf dem Boden, fühlte ich mich so, wie ich mich nach der Umarmung

Sri Sri Ravi Shankar in seinem Aschram südlich von Bangalore. »Entscheide dich, glücklich zu sein.«

von Amma gefühlt hatte. Absolut wonnig. Ich spürte Lebendigkeit und Seligkeit in allen meinen Zellen. Ich war Sri Sri dankbar, dass er die Eingebung zu dem *Sudarshan Kriya* weiterverschenkte.

Ich hielt mich an die Anweisung von Jayshri, eine Kurzfassung des *Kriya*, die eine halbe Stunde dauert, zu Hause mindestens 45 Tage lang zu praktizieren. Ich praktizierte sie sogar ganze acht Monate lang regelmäßig. Abgesehen von dem Wonnegefühl hatte ich nämlich den Eindruck, dass mir der *Kriya* mehr Energie gab, mein körperliches Wohlbefinden steigerte und mich wacher und sensitiver für meine Umwelt machte. Er setzte meine Hemmschwelle, auf andere zuzugehen, herab. Während ich mich früher im Psychologiestudium auf Fragebögen immer als »introvertiert« bezeichnet hatte, würde ich mein Verhalten heute »extrovertiert« nennen. Indien an sich hat bei dieser Umpolung zweifellos mitgeholfen, denn wo immer man ist, ist man in eine große Menschenfamilie eingebettet. Und der *Sudarshan Kriya* verstärkte dieses Gefühl noch mehr: Ja, es stimmt, ich gehöre zu dir und zu jedem.

Ich merkte, dass auch eine andere Behauptung von Sri Sri stimmt: Nichts und niemand kann dich unglücklich machen, wenn du dich entschieden hast, glücklich zu sein. Es gibt nur zwei Bedingungen für das Glück. Zum einen ist ein stressfreier, entspannter Körper und Geist Voraussetzung, und darum kümmert sich der *Sudarshan Kriya*. Zum anderen ist deine Entscheidung notwendig, nämlich: »Ja, ich will glücklich sein.« Das ist alles, behauptet Sri Sri.

Es ist erstaunlich, was durch die Idee eines einzigen Mannes in Bewegung gesetzt wurde. Auf einem Pamphlet las ich, wen der Kurs alles erreicht hat: Wissenschaftler bei der NASA, Mitarbeiter bei der WHO, Computer-Ingenieure bei Microsoft, Studenten und Professoren von renommierten Universitäten, das Fußballteam von Manchester United, Öl-

Barone im Golf, Schauspieler in Hollywood und Bollywood, Politiker in Costa Rica, Hoteliers in Singapur, Musiker in Australien usw.

Die Liste geht weiter: Rikschafahrer, Kulis auf Bahnhöfen, Terroristen in Bihar, Insassen von Tihar, dem größten Gefängnis Delhis, Menschen in Dharavi, dem größten Slum Mumbais, Flüchtlinge im Kosovo, Holzfäller in Sibirien, Bauchtänzer in Brasilien, Straßenkinder in Südafrika usw. ...

Die Liste ist beeindruckend. Sri Sri hat außerdem, genau wie Amma, viele Hilfsprojekte laufen. Zehntausende von Dörfern hat seine Organisation unterstützt.

Zum 25. Jubiläum der »Art of Living Fondation« im Februar 2006 kamen eine Million Menschen zu seinem Aschram südlich von Bangalore, darunter 200 000 aus dem Ausland, aus insgesamt 151 Ländern. Es war ein Mega-Event in jeder Hinsicht, der von mehreren Fernsehsendern ausgestrahlt wurde. Allein die Bühne bot Platz für 10 000 Personen, darunter 3800 Musiker. Der indische Präsident und selbst Satya Sai Baba waren anwesend und lobten Sri Sri. Es bleibt zu hoffen, dass ihm die riesige Anerkennung nicht zu Kopf steigt.

Sri Sri ist viel auf Reisen, doch er war zufällig im Aschram, als ich den Kurs machte, und kam jeden Abend zum *Bhadschan* in eine auf einem Hügel gelegene, offene, runde Halle. Er selbst sang mit seiner hellen, jungenhaften Stimme und antwortete anschließend auf Fragen. Das Singen, begleitet von Händeklatschen und manchmal auch Tanzen, gehört in Indien überall dazu, nicht nur in den Bollywood-Filmen. Fast überall, wo ich war, wurde gesungen – bei Anandamayi Ma, Babadschi, Satya Sai Baba, Amma und jetzt Sri Sri.

Sri Sri hält das Singen und Tanzen für genauso wichtig wie den *Sudarshan Kriya*. In allen größeren Städten Indiens bieten »Art of Living«-Mitglieder regelmäßig *Bhadschan*-

Abende an, auch in Dehradun, wohin ich bald nach meiner Loslösung von Gurudschi zog und noch immer lebe. Ich bin gerne dabei, doch wünsche ich mir manchmal, Mikrofone und Lautsprecher wären nie erfunden worden. Inder haben eine unerhörte Toleranzgrenze für Lautstärke.

Getreu seinem Satz, dass wir alle zueinander gehören, verlangt Sri Sri, dass jene, die es sich leisten können, sich sozial engagieren. Seine Aufforderung stößt auf offene Ohren. Neben längerfristigen Projekten laufen Ad-hoc-Programme, bei denen ich manchmal mitmache, etwa wenn abends in einem Slum zusammen mit den Bewohnern zuerst flotte *Bhadschans* gesungen werden und danach freies Essen ausgeteilt wird.

In Gangotri

Nach meinem Umzug von Madikeri nach Dehradun war es anfangs nicht leicht. Mein Leben fühlte sich trotz netter Bekanntschaften und freundlicher Vermieter leer an. Mir fehlte eine Struktur und Aufgabe in meinem Leben. Ich war zum ersten Mal sesshaft, ohne an eine spirituelle Gruppe und ihre Aktivitäten gebunden zu sein. Und zu allem Überfluss wurde die Zeitschrift, für die ich hauptsächlich schrieb, insolvent. Ich saß in meiner neuen, sonnendurchfluteten Wohnung und fragte mich wieder einmal, was ich im Leben soll bzw. warum ich überhaupt lebe.

Zwei Monate nach meinem Umzug machte ich mich auf eine Reise zum Gangesursprung. Auf Reisen spürte ich keine Leere. Jeder Tag brachte neue Bekanntschaften und neue Erlebnisse. Nur wenn mich jemand fragte: »Was machst du in Indien?«, wurde ich daran erinnert, dass ich in Bezug auf meine Lebenssituation im luftleeren Raum schwebte.

Die Fahrt zum Gangesursprung führt durch eine beeindruckende Landschaft, doch sie ist langwierig und gefährlich. Ich übernachtete nach sechs Stunden Busfahrt in Uttarkashi. In der Nähe des Busstandes suchte ich mir eine der aneinander gereihten, einfachen Herbergen aus, die zwei Jahre später bei einem massiven Erdrutsch zerstört werden sollten. Am nächsten Tag ging es für die letzten 100 Kilometer nach Gangotri mit einem Share-Jeep weiter, der mit zehn Passagieren voll gepackt wurde. Meine Reisetasche stand oben auf dem Dach, offenbar nicht genügend festgezurrt, denn sie landete einige Stunden später bei einer Vollbremsung direkt vor uns auf der Straße und Gott sei Dank nicht in der Gangesschlucht.

Gangotri liegt 3140 Meter hoch nahe der tibetischen Grenze. Es ist ein beliebtes Reiseziel in Indien, da dort der dem Ganges geweihte Tempel steht. Viele wollen dort oben in der Stille der Berge, umgeben von schneebedeckten Gipfeln, in der jungen, vor Leben sprudelnden *Ganga Ma*, wie Inder den Ganges nennen, ein reinigendes Bad nehmen. Die Verehrung und das Vertrauen, das auch moderne Inder in die »Ganges-Mutter« haben, ist für Westler schwer nachvollziehbar. Sie symbolisiert für sie den weiblichen, fürsorgenden Aspekt der universellen Macht, die unser aller Leben lenkt. Sie wird denn auch als junge, hübsche Frau mit langem, fließendem Haar dargestellt.

»Schau nur, wie diese Dame Hindernisse überwindet – gelassen, cool, anmutig. Sie hat keine festen Verhaltensmuster. Reagiert der jeweiligen Situation entsprechend. Sie hat mich seit jeher inspiriert und ich habe viel von ihr gelernt.« Ein Ingenieurstudent aus Hyderabad in Südindien erklärte mir seine Bewunderung für sie, als wir am Gangesufer standen. Mit der »Lady« meinte er die *Ganga Ma* und ich wunderte mich, wie selbstverständlich er, 21 Jahre jung und kein Dichter, dem Ganges Lebendigkeit verlieh, die wir im Westen normalerweise für Menschen und Tiere reservieren.

Es war ein *Rishi*, ein Weiser, mit dem Namen Bhagirathi, der der Mythologie nach vor Tausenden von Jahren durch seine Askese den Ganges vom Himmel auf die Erde holte. Da der Aufprall zerstörerisch gewesen wäre, fing Shiva »sie« zuerst in seinem Haar auf. Wer am Gletschermund 18 Kilometer östlich von Gangotri steht und den Strom mit gewaltiger Kraft aus der Eishöhle schnellen sieht, dürfte sich nicht wundern, dass es einen Gott brauchte, um den Aufprall abzumildern.

Der dem Ganges geweihte Tempel in Gangotri. Der Gletscher, aus dem der Ganges entspringt, ist 18 km entfernt.

Am Busstand in Gangotri ging es bunt zu: dünne, arme, alte und junge Leute aus der Ebene, die sich in ihren Familienclans langsam von Laden zu Laden dem Tempel näherten und die Preise für die Opfergaben verglichen. Sie waren ohne Pullover und oft barfuß, trugen ihr Bündel von Habseligkeiten auf dem Kopf und führten ihre Kinder an der Hand.

Mitglieder der Mittelschicht wirkten dagegen groß und wohlbeleibt, gut ausgerüstet mit Windjacken, Mützen und Sportschuhen, doch die Älteren unter ihnen hatten oft wenig Kondition. Vor allem mollige Frauen rangen nach der dünnen Luft und legten alle zehn Schritte eine Pause ein.

Dann gab es drahtige *Sadhus* mit verfilztem Haar und Asche im Gesicht. Auch sie waren barfuß und nur in dünne Baumwolltücher gehüllt.

Und nicht zuletzt waren da die Touristen aus dem Ausland, einerseits junge Rucksacktouristen, die billige Herbergen suchten und fanden, und andererseits meist Ältere, Betuchtere, die mit dem Taxi anreisten und im teuersten Hotel am Ort abstiegen.

Ich fand eine Holzhütte im Yoga Niketan auf der anderen, ruhigeren Seite des Ganges. Yoga Niketan ist ein Aschram, der seinen Hauptsitz in Rishikesh hat und für seine Yogakurse bekannt ist. Es war Juli und warm. Das Thermometer stieg mittags bis auf 23 Grad Celsius im Schatten. Blumenbeete und Apfelbäume zierten den Platz um die Hütten. Ich entdeckte sogar Rhabarberstauden und kam mir wie im deutschen Sommer vor. Die Sonne war allerdings erbarmungslos. Meine Haut wurde im Nu knallrot.

Einige Touristen aus Israel, Japan und Korea wohnten ebenfalls im Yoga Niketan. Die Atmosphäre war gut und das Leben im Aschram einfach.

Ein junger *Sadhu* gab uns Yoga-Unterricht. Er hieß Yogananda, war ruhig, sympathisch und ein guter Lehrer. Einmal erzählte er mir beim Mittagessen seine Geschichte:

Yoga Niketan in Gangotri, wo Hütten zu mieten sind. Die phantastische Umgebung entschädigt für mangelnden Komfort.

Er hatte in Varanasi Psychologie studiert und sein Studium vor sieben Jahren abgeschlossen. Seine Eltern freuten sich, als er ihnen das Diplom präsentierte. Sie ahnten nicht, dass sie am nächsten Morgen ihren Sohn verlieren würden. Der Vater war nämlich entschlossen, nun, nach Abschluss des Studiums, baldmöglichst seine Hochzeit zu arrangieren. Er hatte die Braut schon ausgesucht. Es war die einzige Tochter eines gut situierten Freundes. Auch der Vater besaß Land und drei Häuser. Doch Yogananda wollte nicht heiraten, sondern ein *Sanyasi* werden. Er hatte das bereits als Jugendlicher kundgetan. Der Vater wusste es, doch er hatte ein Machtwort gesprochen. Und Yogananda blieb keine andere Wahl: Er schlich sich am nächsten Morgen aus dem Haus und kam nie mehr zurück. Er suchte sich einen Guru und nahm *Sanyas*. Daraufhin rief er zu Hause an. Seine Schwägerin war am Telefon. Er teilte ihr mit, dass er der Welt entsagt hatte und jetzt losziehen würde. Sie fing zu weinen an, und er legte auf. Er hatte sich seitdem nicht wieder gemeldet.

»Sie werden dich vermissen, warum rufst du nicht wenigstens an«, wandte ich ein.

»Warum sollten sie mich vermissen? Unsere Familie umfasst 19 Personen. Wir verbrauchen jeden Tag 20 Liter Milch, für uns und die vielen Teetassen für Besucher. Außerdem freuen sich indische Eltern insgeheim doch über einen Sohn, der auf der Suche nach Gott ist, auch wenn sie es nicht zugeben und sich ihm sogar in den Weg stellen. Er bringt Segen für die ganze Familie, und das wissen sie«, entgegnete er.

Ich fand dennoch, dass er zumindest anrufen könnte. Er hatte selbst auch schon daran gedacht. »Vielleicht tu ich es, wenn ich das nächste Mal in Rishikesh bin«, meinte er.

Am Beispiel von Yogananda konnte ich in den nächsten Monaten gut beobachten, dass einem die Welt hinterherläuft, selbst wenn man ihr entsagt, bzw. dass eben auch ein Asket in der Welt weiterlebt.

Er war gutmütig und hilfsbereit. Ein Japaner zum Beispiel wollte ein Buch über Yoga schreiben und bat Yogananda, unzählige Yogapositionen der Reihe nach einzunehmen, die er jeweils von vorne und von der Seite fotografierte. Yogananda hielt geduldig die Position, bis der Japaner mit seinen Aufnahmen zufrieden war. Ich weiß nicht, ob sie je in einem Buch erschienen. Wir anderen schauten gelegentlich zu, denn das Projekt zog sich lange hin.

Es kam einige Male vor, dass andere *Swamis*, meist Vorsteher eines Aschrams, Yogananda für ihre Zwecke einspannen wollten. Yogananda lehnte ab. Einmal kam eine Frau aus Delhi, die er von seiner Studienzeit her kannte, die er als Grundbesitzersohn damals sogar gelegentlich unterstützt hatte und die nun einen Guru-Status hatte, zu seiner Höhle im Wald – mit einem Koffer voll Geld. Mehrere Autos mit ihren Verehrern waren im Schlepptau mit nach Gangotri gekommen. Sie wollte Yogananda partout als Yoga-Lehrer in ihrem Aschram in Delhi. Er wäre zweifellos eine Attraktion gewesen, doch sie musste enttäuscht abreisen.

Ein anderer *Swami* hatte mehr Erfolg. Er wollte, dass Yogananda auf seinen Aschram in Gangotri aufpasst, während er nach Amerika und England zum Spendensammeln ging.

Yogananda lehnte ab. Ich verstand ihn. Ich wäre auch ungern von dem betreffenden *Swami* abhängig gewesen. Doch der *Swami* schickte Yogananda einen Forstbeamten auf den Hals bzw. zu seiner Höhle. *Sadhus* ist es erlaubt, sich eine Höhle unter großen Felsvorsprüngen zu mauern, sofern sie nicht über den Fels hinausragt. Der Forstbeamte befand, dass die Höhle etwas hinausragt. Yogananda bestritt es, denn es stimmte nicht, doch er hatte kein Geld, um den Forstbeamten davon zu überzeugen, der von dem *Swami* offenbar bestochen war, ihm Schwierigkeiten zu machen. Yogananda bat mich, Fotos von seiner Höhle von allen Seiten zu machen. Er musste daraufhin extra nach Dehradun, in die Landeshauptstadt, reisen, um seine Sache zu vertreten. Später sah ich Yogananda öfter im Aschram des *Swamis*, wo er sich um die Gäste kümmerte.

Yogananda erzählte mir, dass er sich seine Gesundheit im letzten, harten Winter ruiniert hatte. Er war auf über 3000 Meter Höhe in Gangotri geblieben – ohne Heizung natürlich. Er hatte 17 Tage lang intensiv meditiert und nur von Tee gelebt. Das war zu viel für ihn gewesen. Selbst seine Augen hatten gelitten.

Als ich das einem anderen *Sadhu* gegenüber erwähnte, meinte der sofort: »Und du glaubst die Geschichte mit den 17 Tagen Tee?« »Ja«, antwortete ich. »Warum sollte er lügen? Außerdem ist er wirklich nicht gesund.« Er nickte viel sagend und kritisierte weiter: »Er blieb im Winter nur deshalb hier, um später in Rishikesh sagen zu können, dass er in Gangotri überwintert hat.« Anscheinend werden *Sadhus*, genau wie weltliche Leute, mit negativen Emotionen wie Neid oder gar Hass konfrontiert und nicht jeder erkennt die Gefahr.

Die Geschichten, die mir Yogananda erzählte, zeugten davon, dass ihm die »Welt« hinterhergelaufen war. Er war zweifellos einer der *Sadhus*, die Ideale haben. Dennoch musste er seinen Proviant irgendwie bezahlen. Er bettelte nicht, doch lud er gelegentlich Westler zu seiner Höhle zum Essen ein, denn er kochte gut und wusste, dass es uns an gutem Essen fehlte. Die Hoffnung, dass sich seine Gäste erkenntlich zeigten, spielte sicher eine Rolle. Nicht alle taten es. Andere wiederum waren großzügig. Seine Höhle war schmal, aber gemütlich, rund 20 Minuten von Yoga Niketan entfernt, und wirkte wegen der vielen Bücher wie eine Studentenbude.

Es war sicher nicht leicht für ihn gewesen, von heute auf morgen als *Sadhu* in einer Höhle im Wald zu leben, jeden Tropfen Wasser herbeizuschleppen, sich im Gottvertrauen zu üben, dass das, was nötig zum Überleben ist, irgendwie be-

Ein junger Sadhu *badet direkt am Gangesursprung im eiskalten Wasser.*

reitgestellt wird, vor allem, da er früher keinen Mangel gekannt hatte. Ich wünschte ihm von Herzen, dass in ihm keine Negativität aufkäme, trotz schwieriger Umstände und schwieriger *Sadhu*-Brüder.

Eines Tages machte ich mich auf den Weg nach Gomukh, zum Gletschermund. Bei strahlend blauem Himmel, mit einem kleinen Rucksack auf dem Rücken und meine Nase dick mit Sonnencreme beschmiert, zog ich los. Es fing steil an – lauter Treppen vom Tempel hoch bis zu einem schmalen Weg. Ich war bereits nach 15 Minuten außer Puste, doch von dort ab ging es sanft bergan – über 18 Kilometer nur ein Höhenunterschied von 800 Metern.

Es war ein erhabenes Gefühl, in dieser grandiosen Landschaft wandern zu dürfen. Mir kamen fast die Tränen. Die Schneeriesen waren nah und übermächtig.

Leute auf Mauleseln überholten mich zügig. Die einheimischen Treiber waren schnell. Die *Sadhus* zogen jedoch lang-

In traumhafter Umgebung barfuß über Stock und Stein zum Gangesursprung

sam dahin. Einmal kam mir ein *Sadhu* mit nur einem Bein und einem Stock entgegen. Ich staunte, und er merkte es. »Dschäy Ganga Ma!«, grüßte er lachend den üblichen Gruß, »Sieg für Ganga Ma!« Er war offenbar bester Laune und schwang sich mit Hilfe des Stockes fröhlich weiter.

Ein Junge hing seit einiger Zeit verdächtig nah an meinem Rucksack. Er trug nur Hemd und Hose, hatte keine Tasche und wahrscheinlich keinen Pfennig. In der Mittagspause fragte ich ihn aus: Er war aus Nepal, elf Jahre alt und war allein gekommen. Geld hatte er keins.

»Wie willst du denn ohne Geld zurechtkommen?«

Der Junge drehte seine Handflächen nach oben, zuckte mit den Schultern und lächelte. Ich bot ihm Essen an und bat ihn, weiterzuziehen.

Im Aschram von Lal Baba in Bojwasa, vier Kilometer vor dem Gangesursprung, sah ich ihn wieder. Er hielt sich, wie alle anderen auch, an einem heißen Teebecher fest, der jedem, der den Aschram betrat, als Erstes in die Hand gedrückt und dankbar angenommen wurde. Lal Baba, ein alter *Sadhu*, dem man seine Autorität ansah, fragte ihn nun ebenfalls aus und schickte ihn dann in die Küche zum Mithelfen.

Nach einer Nacht in einem kleinen fensterlosen Kabuff, das ich mit einer jungen Engländerin teilte, treckte ich am nächsten Morgen die letzten Kilometer über Stock und Stein zum Gletschermund, *Gomukh* (Kuh-Mund) genannt.

Dann stand ich am Ursprung. Welch ungeheuere Kraft, mit der *Ganga Ma* aus dem Gletscher ihren Lauf beginnt. Ich setzte mich auf einen Felsen und ließ mich lange von ihrem Tosen und Brausen inmitten der Stille einhüllen.

Auf dem Rückweg holte mich ein Deutscher ein, Anfang 30, der sich, bis auf die hellere Haut, von seinen indischen *Sadhu*-Kollegen nicht unterschied. Seine Haare waren verfilzt, er trug alle möglichen Ketten um den Hals, war barfuß in Schlappen und sprach fließend Hindi. Doch als er auf Deutsch umschaltete, ertönte unverwechselbar »Nermbergerisch«. Er war seit zehn Jahren ein *Sadhu*, erzählte er. Anfangs nahm er Drogen, doch dann gab ihm ein Freund den Rat, sein Leben nicht zu verpfuschen. Er machte eine Entziehungskur und wurde Schüler eines Gurus, der früher Beamter beim Geheimdienst war »und auch heute noch niemandem traut«. Wir wanderten zusammen bis nach Gangotri, wo er in einem kleinen Raum am Ganges lebte.

Ich ging zurück in meine Hütte im Yoga Niketan. Sie kam mir jetzt komfortabel vor und das Leben in Gangotri fast städtisch.

Schatzsuche am Ganges

AUF EINEM GRUNDSTÜCK neben dem Yoga Niketan, direkt über der Gangesschlucht, lebten drei *Sadhus* in einfachen Hütten. Einer dieser *Sadhus* war schwer zu übersehen. Er saß den ganzen Tag lang auf seiner kleinen Veranda und schrieb eifrig in ein riesiges Buch, das vor ihm auf einem Holzständer ausgebreitet lag. Zwei weitere, riesige Bücher dienten ihm augenscheinlich als Referenz. Er übersetzte die »Yoga-Vashishta« ins Englische. Die »Yoga-Vashistha« ist eine alte Belehrung, die der Guru Vashishta dem Prinzen Ram in Ayodhya gab, als dieser nach einer Pilgerreise kein Interesse mehr am Leben zeigte.

Vor meinem Treck nach Gomukh hatte mich James, ein Amerikaner vom Yoga Niketan, der den *Sadhu* täglich besuchte, zu ihm mitgenommen. James hatte ihm Fragen gestellt und seine Antworten auf Kassette aufgenommen. Er wollte ein Buch daraus machen. »Antworten eines Sadhus, der hoch im Himalaya am Ganges seit 20 Jahren als Einsiedler lebt und selbst die harten Winter dort verbringt. Das kommt im Westen bestimmt gut an«, meinte James.

James war inzwischen abgereist, ich ging daher allein zu Brahma Chaitanya bzw. BC, wie der *Sadhu* hieß. Er war ein beeindruckender, kraftvoller Charakter, Ende 50, groß und kräftig, seine verfilzten Haare so lang, dass sie ihm als Sitzkissen dienten, sein Lachen übertönte mit Leichtigkeit das Tosen des Ganges und seine Augen blitzten vor Schelm und Charme. Er war ganz natürlich ein VIP unter den *Sadhus*, war zum Vorsitzenden der *Sadhu*-Gemeinschaft in Gangotri gewählt worden und hatte die selbstbewusste Haltung aus seinem früheren »weltlichen« Leben in sein *Sadhu*-Dasein mitgenommen, denn er stammte aus einer gut situierten Familie und war Ingenieur gewesen.

Er zeigte früh Interesse an einem spirituellen Leben, las viel und praktizierte *Pranayama*, die traditionellen Atemtechniken, doch er war jung und wollte nicht enthaltsam leben. Er heiratete und hatte zwei Kinder.

Mit Ende 30 hatte er genug vom Familienleben und verließ seine Frau und seine Kinder im Teenageralter. Er hatte es sich lange überlegt und sich getestet, erzählte er mir. Dann war er sich sicher: Er wollte ein *Sadhu* werden. Doch seine Familie spürte ihn in Uttarkashi auf und drängte ihn, mit nach Hause zu kommen. Er gab nach. Bald darauf ging er jedoch wieder fort, und diesmal auf Dauer. Seine Frau entdeckte ihn auch in Gangotri, doch sie ließ ihm diesmal seinen Willen.

Er erzählte, wie es ihm bei seinem ersten Bettelversuch ergangen war. Er hatte noch ein paar Hundert Rupien in der Tasche, doch wollte nun sein neues Leben beginnen – ohne Rückendeckung eines Bankkontos und voller Vertrauen in die Vorsehung. In Haridwar streckte er seine Hand einem älteren Herrn entgegen. Als Reaktion erhielt er kein Almosen, sondern furiose Schelte: »Sie sollten sich schämen, junger Mann! Geh zu einem der Aschrams, die freies Essen für *Sadhus* anbieten!«

Der frisch gebackene *Sadhu* war sauer, ging schnurstracks in ein Restaurant und bestellte sich eine Mahlzeit. Danach checkte er in ein Hotel ein. In der Nacht plagte ihn sein Gewissen: »So schnell bin ich beleidigt? Nur wegen einer dahingesagten Bemerkung?« Er schenkte am nächsten Morgen sein Handköfferchen einem Hoteljungen und warf sein restliches Geld in den Ganges. »Ich gehöre dir jetzt voll und ganz.

Brahma Chaitanya, der Familie und Beruf aufgab und sich nach Gangotri zurückzog

Du musst dich jetzt um mich kümmern«, sagte er seiner *Ganga Ma*. Von da an hatte er keine Probleme mehr. Er ging zu den Zentren, wo Essen angeboten wurde, und stellte sich dort in die Warteschlange. Er betonte, dass er sich in die Warteschlange stellte. Das war anscheinend nicht selbstverständlich.

Die Gespräche mit ihm waren höchst interessant, und er besaß, völlig unerwartet, eine exquisite Bibliothek in seiner Hütte: Bücher von indischen und chinesischen Meistern, von Zen-Buddhisten und tibetischen.

Unsere Gespräche am Nachmittag wurden zur Routine, und ich schätzte sie. Danach tauchte er oft in seine Hütte ab und kam mit einem Buch wieder hervor. Das erste Buch, das er mir mitgab, war »Jnana-Yoga« von Swami Vivekananda. Das war jenes erste Buch gewesen, das ich in Indien über indische Weisheit gelesen hatte. Seltsamerweise berührte es mich nun nicht mehr so stark. Bücher wie zum Beispiel die »Shiva-Sutras« oder die »Spanda Karika«über die Philosophie des

Kaschmir-Shaivismus, der im 10. Jahrhundert in Kaschmir seine Blüte hatte, lagen mir inzwischen mehr, und ich genoss das Studium dieser Texte in der phantastischen Umgebung auf über 3000 Meter Höhe.

BC machte sich lustig über die wichtigtuerischen, aber im Grunde unnötigen Aktivitäten in der Welt und riet mir: »Geh nach innen. Es wird dir Spaß machen.« Er gab mir ein Gedicht von Chuang Tzu, einem Chinesen, der schon vor rund 2000 Jahren recht treffend das »aktive Leben« beschrieb:

»Was würde aus der Wirtschaft ohne einen Markt von Dummköpfen? Was würde aus dem Arbeitsmarkt, wenn nicht überflüssige Dinge produziert würden?«, fragte er zum Beispiel schon damals. Und sein ironischer Rat: »Produziere! Erbringe Ergebnisse! Mach Geld! Gewinne Freunde! Bewirke Veränderungen! Oder du wirst vor Verzweiflung sterben!«

Auf BCs Rat hin kaufte ich mir in der Nähe des Tempels eine *Mala* (eine Art Rosenkranz) aus 108 Samen des heiligen Rudraksha-Baumes und saß stundenlang auf meinem Bett und wiederholte Mantras, vor allem das, welches Amma mir gegeben hatte. Ich fühlte mich wohl, und wenn ich nachts aufwachte, hörte ich, wie sich das Mantra von selbst wiederholte. Doch manchmal fühlte ich mich auch schwer und niedergeschlagen. Wie würde mein Leben weitergehen?

BC schlug vor: »Jetzt werde ich dich davon kurieren, dass du dich unwohl und klein fühlst.« Dann fragte er: »Wem gehört diese Welt? Dir oder mir?« und zeigte um sich. »Mir«, antwortete er selbst. »Du erscheinst in ihr. Genauso ist alles, was du wahrnimmst, deine Welt. Alles in deiner Welt ist dazu da, dir weiterzuhelfen. Meine Welt ist eine andere. Du bist allein. Niemand beeinflusst dich!«

Er hatte einerseits Recht, aber eben nur einerseits, wie alles, was gesagt wird, immer nur einen Aspekt der Wahrheit berührt und sie mit Sicherheit nicht fasst.

Später, als er über virtuelle Realität und Informatik redete, erklärte er plötzlich: »Wir sind alle nur mechanische Roboter.« Er erwähnte neuere wissenschaftliche Forschungen, die behaupten, dass Emotionen von den Genen, Hormonen usw. abhängen und dass zum Beispiel die Anziehung zwischen Mann und Frau auf Testosteron und Östrogen beruht. »Es geschieht einfach. Du spielst keine Rolle dabei. Du schaust nur zu. Verstricke dich nicht in dem, was geschieht«, riet er.

Mir fiel ein, dass ich Schokolade für ihn mitgebracht hatte. »Isst du Schokolade?«, fragte ich zögernd, denn manchmal wirkte er sehr heilig, sagte zum Beispiel, dass er nicht über weltliche Dinge zu sprechen wünsche, und es hätte ja sein können, dass er solchen weltlichen Genüssen ebenfalls entsagt hatte. »Ja, natürlich esse ich Schokolade«, antwortete er sofort.

Er erzählte dann, dass ihm einmal ein Amerikaner vorwarf, dass er sein Talent verschwende und Vorträge im Westen halten solle. BC sagte ihm: »Ich habe hier alles, was ich brauche. Ich kriege täglich mein Essen.«

»Essen okay. Aber wenn du Schokolade willst, musst du was dafür tun«, hatte der Ami erwidert.

»Schau, ich kriege sogar Schokolade!«, rief er und bebte wieder einmal vor Lachen.

BC war nett zu mir. Er meinte, dass er sich ungern mit anderen *Sadhus* unterhielte, weil sie alle nicht ehrlich an Spiritualität interessiert wären. »Die meisten sind sexuell frustriert und einige halten sich Frauen. Sie entschuldigen es damit, dass die alten *Rishis* auch Frauen hatten.« Er steigerte sich plötzlich hinein und donnerte: »Wenn jemand mit seiner sexuellen Begierde noch nicht fertig ist, hat er hier nichts verloren.«

»Schreist du mich an?«, fragte ich ihn.

»Nein, nie«, er wurde plötzlich ganz ruhig, freundlich, erklärend. Mir kam der Gedanke, dass er womöglich sich

BC saß tagein, tagaus vor seiner Hütte und übersetzte die Yoga-Vashishta ins Englische.

selbst angeschrieen hatte. Es mochte nicht immer leicht für ihn sein, seine Gelübde zu halten.

»Was passiert, wenn ein *Sadhu* sein Keuschheitsgelübde bricht?«, fragte ich und hatte im Hinterkopf die Strafe, mit der ein buddhistischer Mönch rechnen muss, den Ausschluss.

»Nichts passiert. Er fällt, steht auf und fällt wieder.« Er hatte sich versprochen und korrigierte sich eilig: »und versucht es wieder«.

»Nur wenige sind wirklich interessiert und machen ihre Arbeit«, meinte er. »Ein Arzt in Ammas Aschram, der jedes Mal, wenn sie in Übersee ist, nach Gangotri angerannt kommt, gehört dazu. Er ist echt. Auch eine junge Frau gehört dazu. Sie flog mit 17 nach Paris, um Modedesign zu lernen. Doch diese schicke Welt gefiel ihr nicht. Sie teilte ihren Eltern mit, dass sie *Sanyas* nehmen wolle. Die waren ganz und gar nicht begeistert. Sie hatten Geld und wollten für ihre

Tochter ein bequemes Leben. Sie setzte sich durch und lebt jetzt unter einfachsten Umständen hier in Gangotri«, erzählte er. »Du wirst sie kennen lernen.«

»Du gehörst auch zu denen, die echt sind«, schmeichelte er mir und schlug vor, früher zu kommen, damit wir mehr Zeit hätten, denn gegen halb 5 Uhr ging er regelmäßig zu einem Aschram, wo es Essen für *Sadhus* gab.

BC gefiel mir. Er personifizierte in gewisser Weise genau das, was mir fehlte: eine laute, kraftvolle, selbstbewusste Präsenz. Ich war, so weit ich denken kann, immer leise und meine Stimme lässt sich nicht auf laut umstellen, selbst wenn ich es versuche.

»Alle spirituellen Sucher sind unglücklich«, behauptete er einmal aus heiterem Himmel. »Du auch«, sagte er und traf einen wunden Punkt. War ich glücklich? Nicht besonders, musste ich zugeben. »Sie haben das Wissen, aber etwas hält sie zurück«, fuhr er fort. »Du musst wie ein Löwe sein. Brich aus. Was hat dir die Welt zu bieten? Alle Gesichter sind wie in einem Film. Verstrick dich nicht in den Film. Beim Sterben ist der Film ohnehin aus. Wirf die Filmrolle jetzt schon weg. Wirf deine Gedanken raus. Du bist größer als der Film, der aus Gedanken besteht. Mach deine Arbeit ernsthaft. Lass die anderen sagen, was sie wollen. Folge deiner Überzeugung. Hilfe steht immer zur Verfügung«, ermunterte er mich.

Ich saß entweder vor meiner Hütte und studierte alte Texte oder in meiner Hütte und meditierte. In den ersten Wochen in Gangotri nahm ich nur wenig Kontakt mit anderen auf. Es war eine intensive Zeit und ich hatte den Eindruck, dass mir klarer wurde, was mit »reinem Bewusstsein« gemeint ist.

»Schau auf die Schneegipfel dort, aber bleib mit deinem Bewusstsein dennoch in dir selbst«, riet BC. »Versuch Einheit unter der augenscheinlichen Dualität zu sehen – nimm das weiße Papier wahr und gleichzeitig den schwarzen Druck darauf. Sei aufmerksam. Schenke die Aufmerksamkeit nicht in erster Linie den Objekten, sondern der Aufmerksamkeit selbst«, forderte er. Ich versuchte es und bekam eine Ahnung, was er meinte. Ich spürte mich selbst, aufmerksam im Moment, ohne zu denken.

Einmal gab er mir die »Goldenen Briefe« von Garab Dorje, einem alten, tibetischen Meister mit. Sie waren ein Schatz, ähnlich wie die »Shiva Sutras«, und ich schrieb sie ab, denn einen Kopierer gab es in Gangotri nicht.

Im Grunde ist das, was darin beschrieben wird, einfach, allerdings sehr subtil. Es geht darum, die unmittelbare, gedankenfreie Bewusstheit in diesem jetzigen Moment als das zu erkennen, was gesucht wird. Es ist immer da – dieses ganz gewöhnliche, gedankenfreie Bewusstsein, jetzt in diesem Moment. Erkenne das als deine wahre Natur, wird geraten, und bleibe darin verankert, denn alles andere, alle Erscheinungen dieser Welt, sind nur Modifikationen dieses grundlegenden Bewusstseins und deshalb zweitrangig.

BC teilte meine Begeisterung für die »Goldenen Briefe«. Er riet mir, mich bei der nächsten Meditation voll zu entspannen und dann plötzlich laut »Phat« auszurufen. Das würde das reine Bewusstsein zum Aufsteigen bringen. Ich probierte es abends aus, und es hatte enorme Wirkung. Es war so schön, dass ich mich nicht rühren wollte. Glück mit Dankbarkeit. Als ob sich etwas geöffnet hatte. Ein Einblick in mein Sein.

Am nächsten Morgen war noch ein schwacher Nachhall des Glücksgefühls zu spüren. Später ging es weg, doch es war jetzt leichter auffindbar. Mein eigenes, unmittelbares, gegenwärtiges Bewusstsein bedeutete jetzt etwas für mich. Und ich war mir sicher, dass es mir mit der Zeit lieber und lieber werden würde. Ich war dankbar für das Geschenk und verstand nun Ramana Maharshis Aussage besser: »Du bist immer schon erleuchtet.« Der wahre, unvorstellbare Urgrund, auf dem der Geist seine Traumschlösser baut, ist tatsächlich immer liebevoll gegenwärtig.

BC litt seit langem an Rückenschmerzen. Eines Morgens waren sie unerträglich geworden, und er konnte nicht aus dem Bett aufstehen. Der Arzt aus Ammas Aschram riet ihm, ins Krankenhaus nach Rishikesh zu fahren, und begleitete ihn.

Als BC nach 14 Tagen zurückkam, ging es ihm besser und er beschloss, den Winter wie üblich in Gangotri zu verbringen, obwohl ihm jeder davon abriet, denn es wurde bereits jetzt, Ende September, eiskalt.

»Im letzten Jahr hat mir ein Franzose den Wintervorrat bezahlt«, erwähnte er mir gegenüber und ich wusste, warum. Ich fühlte mich verpflichtet.

»Ich werde dieses Jahr dafür aufkommen«, bot ich an. »Wie viel ist nötig?«

»5000 Rupien reichen.«

Ich schluckte. Mit so viel hatte ich nicht gerechnet, denn ich hatte die Zigaretten vergessen, von denen er eine nach der anderen rauchte.

Später erfuhr ich, dass jeden November, bevor der Tempel schließt und die Einheimischen in wärmere Gegenden ziehen, ein Geschäftsmann aus dem Pandschab einen Lastwagen mit Proviant nach Gangotri schickt, der die sieben oder acht *Sadhus*, die den Winter über dort oben bleiben, mit dem Nötigsten versorgt. BC hatte mir das nicht verraten. Doch ich nahm ihm das nicht übel. Er brauchte ganz einfach mehr als andere. Ich war dankbar und es war unbezahlbar, dass durch den Kontakt mit ihm und seinen Büchern mir reines Bewusstsein als mein eigenes Wesen vertrauter geworden ist.

Vier Jahre später, Ende August 2005, fuhr ich wieder einmal nach Gangotri und freute mich darauf, BC zu sehen.

»BC gibt es nicht mehr«, sagte mir der Manager vom Yoga Niketan, noch bevor er eine Hütte für mich aufsperrte. »Er starb vor einem Monat völlig überraschend in Delhi.«

Es tat mir Leid. Er war so voller Kraft und voller Leben gewesen. Ich verstand nicht, wie er in der heißesten Zeit nach Delhi hatte fahren können. Er hatte mir selbst gesagt, dass er Gangotri nicht mehr verlassen wollte. Nur seine Asche würde von seiner *Ganga Ma* einmal hinunter ins flache Land getragen werden.

Ich hörte zwei Versionen, warum er im Hochsommer nach Delhi gefahren war:

Ein bekannter *Swami* in Delhi wollte ihn treffen und schickte zwei seiner Anhänger nach Gangotri, um ihn zu holen. BC lehnte ab. Sie kamen wieder und drängten ihn. Er ging nun mit, möglicherweise auch aufgrund der Aussicht, eine ayurvedische Kur zu machen. Warum der *Swami* ihn treffen wollte, wusste niemand.

Die andere Version besagte, dass BC selbst nach Delhi wollte, um eine ayurvedische Kur zu machen, die der *Swami* für ihn arrangierte.

Mich persönlich würde es wundern, wenn BC ausgerechnet in der größten Hitze nach Delhi zu einer Kur gewollt hätte. Ich selbst war im Juni kurz in Delhi. Es hatte 46 Grad Celsius und war eine Riesenstrapaze für jeden Körper, umso mehr für einen, der jahrzehntelang an die Kälte auf über 3000 Meter Höhe gewöhnt war.

»Der Tod hat ihn nach Delhi gerufen«, meinte ein *Sadhu*-Nachbar von ihm und stellte damit jegliche Spekulation, dass nicht alles mit rechten Dingen zugegangen war, in eine andere Perspektive. »Seine Zeit war gekommen.«

BCs Söhne kamen nach Gangotri und holten die Übersetzung der »Yoga-Vashishta«, das Lebenswerk ihres Vaters, aus seiner Hütte. Die Asche von BC wurde seiner geliebten *Ganga Ma* übergeben – in Haridwar, wo er sein *Sadhu*-Leben begonnen hatte. Der Kreis hatte sich geschlossen; ein inspirierendes Leben war vorüber.

Eine magische Welt

Die drei Monate in Gangotri hatten mir gut getan. Die Welt war zweifellos auch auf 3000 Meter Höhe präsent, und dennoch war es leichter dort, in sich selbst einzutauchen und sich der Prioritäten im Leben bewusst zu bleiben. Mein Fokus war intensiv nach innen gerichtet gewesen, um »das weiße Papier unter dem schwarzen Druck«, wie es BC ausgedrückt hatte, wahrzunehmen bzw. das reine Bewusstsein hinter den vielfältigen Erscheinungen.

Mir war klar geworden, dass das Wonnegefühl, das ich zum Beispiel bei außerkörperlichen Erfahrungen erlebt hatte, immer da ist, obwohl ich es meistens nicht spüre. Es ist sozusagen eingebaut in den »Stoff«, aus dem alles gemacht ist. Dieser Stoff, der keine materielle Substanz hat, wird vor lauter Gedanken übersehen, ähnlich wie das weiße Papier vor lauter schwarzen Buchstaben übersehen wird. Gedanken können tatsächlich die Wahrheit völlig verdecken. Inder geben folgende Analogie: Wenn ich in der Dämmerung ein Seil für eine Schlange halte, sehe ich kein Seil, nur eine Schlange. Ich habe Angst und laufe weg – vor einem Seil! Ähnlich habe ich Angst vor der Welt, dabei ist alles im Grunde »ich selbst«.

Als ich nach Dehradun zurückkam, verbesserte sich meine Lebenssituation ziemlich schnell. Ich fand eine wunderschöne Wohnung direkt am Wald. Im Winter hielt ich mich im Aurobindo-Aschram in Pondicherry und im Ramana-Aschram in Thiruvannamalai auf, und im Sommer fuhr ich in die traumhafte Bergwelt von Ladakh.

Ich war nun nicht mehr auf der Suche – nicht, weil ich irgendwo angekommen war, sondern weil eine Suche, die glaubt, etwas in der Zukunft zu finden, schlicht und einfach fehl am Platz ist. Ich kapierte zum ersten Mal wirklich, dass das, was ich suchte, jetzt schon hier ist. Dass es nur darum geht, im jetzigen Moment so weit wie möglich achtsam und still zu sein und wenn ich *merke*, dass sich Gedanken aufdrängen, ihnen nicht zu folgen. Denn das, was ich wahrnehme, wenn ich still und achtsam im Moment bin, ist die Wahrheit, wie sie für mich derzeit zugänglich ist.

»Es ist immer da – dieses ganz gewöhnliche, gedankenfreie Bewusstsein«, stand in den »Goldenen Briefen«, die mir BC zum Lesen gegeben hatte. Diese Erkenntnis empfand ich jetzt als riesige Erleichterung. Ich brauchte kein Ziel mehr ansteuern, nicht mehr auf Erleuchtung warten. Ich brauchte nur ab und zu Gedanken loslassen, was allerdings nur dann möglich ist, wenn ich *merke*, dass ich denke.

Es verwundert mich dennoch, wie selten ich merke, dass ich in Gedanken versunken bin, und sie dann loslassen kann, obwohl ich weiß, wie viel leichter das Leben läuft und welch erstaunliche Glücksfälle sich dadurch oft ergeben. Seltsamerweise ist es viel einfacher zu denken, als still zu sein. Denken ist für die Person mitsamt ihrer Vergangenheit und Zukunft überlebensnotwendig. Verständlich, dass ich als Person nicht viel vom Stillsein halte. Ich werde argumentieren, dass es langweilig sei und ich meine intellektuellen Fähigkeiten nicht nutze. Dabei stimmt viel eher, dass meine intellektuellen Fähigkeiten umso besser genutzt werden, wenn ich ab und zu still bin.

Inder sind generell stiller, obwohl sie äußerlich so viel lauter sind als wir im Westen. Auf dem Land zumindest wird noch viel einfach geschaut und weniger gedacht. »Wenn es mir nicht gut geht, schaue ich lange in den Himmel. Dann geht es mir gleich besser«, sagte mir Suman, deren Mann für meinen Vermieter in Dehradun arbeitet. Ich fragte Suman einmal, wie es war, als sie ihrem zukünftigen Mann vorgestellt wurde. »Hattest du Angst, dass du mit diesem Mann, den du überhaupt nicht kanntest, ein ganzes Leben lang zusammenleben musst?«

»Oh nein!«, lachte sie. »So weit denke ich nicht. Mein Leben ist in Gottes Hand. Ich denke nur an heute. Heute muss ich mich gut verhalten. Und morgen ist dann ja auch heute, oder nicht?«

Ich hatte manchmal in Deutschland versucht, meine wie ich finde großartige Erkenntnis, dass nur das Jetzt wirklich ist, Freunden zu vermitteln, und es war nicht immer leicht.

»Wie kannst du sagen, dass das Jetzt wirklicher als Vergangenheit und Zukunft ist? Das Jetzt ist doch so kurz. Schau, es ist schon Vergangenheit, bevor ich überhaupt ›Jetzt‹ ausgesprochen habe«, wurde argumentiert.

Nicht jeder sieht, dass das Jetzt eine völlig andere Qualität hat als Vergangenheit und Zukunft. Wo immer ich bin, ist das Jetzt. Mein ganzes Leben findet im Jetzt statt. Nichts geschieht in der Vergangenheit oder Zukunft und nichts *kann* in der Vergangenheit oder Zukunft geschehen. Vergangenheit und Zukunft sind nur Gedanken im Kopf, und zwar jetzt. Und hier erklärt mir eine junge, einfache Inderin, dass morgen ja ebenfalls heute ist und man sich nur ums Heute kümmern muss. Weisheit scheint den Indern im Blut zu stecken.

Noch ein anderer Aspekt steckt den Indern, glaube ich, im Blut. Für sie ist die Welt nicht so materiell und fest. Sie ist durchsichtiger, vergeistigter, alles ist heilig und Wunder sind jederzeit möglich. Götter können sich in der menschlichen Dimension bemerkbar machen, aber auch die Geister der Toten. Traum und Wirklichkeit gehen ineinander über, ähnlich wie Film und Realität – ja, im Grunde sind sie gar nicht so unterschiedlich.

Eine Bekannte, deren Vater gestorben war, träumte ein paar Jahre nach seinem Tod von ihm: Er saß bequem in einem Sessel und sagte zu ihr: »Bitte geh zur Familie Patel und frag sie, ob ich zu ihnen kommen kann.« Als sie aufwachte, wusste sie, was ihr Vater gemeint hatte – er wollte in die Patel-Familie geboren werden. Sie ging zu ihnen und erzählte von dem Traum. »Natürlich kann er zu uns kommen«, sagten sie sofort bereitwillig. Was die Tochter erst da erfuhr: Frau Patel war seit kurzem schwanger.

Auch Filme gehen in die so genannte Wirklichkeit über. Inder lieben Filme. Und sie lieben ihre Helden, die, wenn sie sich als Kandidaten für eine politische Partei aufstellen lassen, fast immer gewählt werden. Bollywood, das indische Hollywood (»B« für Bombay), produziert die meisten Filme weltweit, und weltweit schauen sich weit mehr Menschen Bollywood- als Hollywood-Filme an, denn ganz Asien zieht die indischen Filme den amerikanischen vor. Diese Beliebtheit scheint auf Europa überzugreifen. Als ich 2006 nach einem Besuch bei meiner Mutter nach Indien zurückflog, erzählte mir mein Sitznachbar, ein Architekt aus Köln, dass sich seine 21-jährige Tochter und ihr Freundeskreis mit Vorliebe Bollywood-Filme anschauten. Sie lieben es, schöne Menschen und eine überwiegend heile, spaßige, unbändig energievolle Welt mit viel Gesang und Tanz zu erleben.

Vielleicht haben die Inder ihr Talent zum Filmemachen von ihren Vorfahren geerbt, die vor Jahrtausenden bereits vielschichtige Plots mit differenzierten zwischenmenschlichen Beziehungen in ihren Epen beschrieben haben. Indien besitzt weltweit die älteste und bei weitem umfangreichste Literatur. Das »Mahabharata« und das »Ramayana« sind eine Ideenfundgrube für Filmemacher.

Die Filme und fast noch mehr die Filmsongs verbinden die Inder – jung und alt, reich und arm und den Norden mit dem tropischen Süden. Und sie sind dafür verantwortlich, dass

Hindi beliebter wird. Vor allem der Süden hatte sich nämlich vehement und erfolgreich gegen Hindi gewehrt, als es die Regierung nach der Unabhängigkeit als Nationalsprache einführen wollte. So hat Indien über 20 offizielle Sprachen, und jede dieser Sprachen hat sogar eine eigene Schrift. Doch die Abneigung gegen Hindi, das in Teilen Nordindiens gesprochen wird, ist inzwischen gewichen und selbst in Chennai sind Hindi-Sprachkurse gefragt.

Mein erster Film, den ich in Indien im Kino sah, war »Jai Santoshi Ma« (Sieg der Göttin Santoshi). Er war ein riesiger Hit. Der Plot spielt parallel im Himmel und auf der Erde und hat witzige Dialoge, denn im Hindu-Himmel geht es menschlich zu. Nach vielen schweren Prüfungen der Heldin, die Santoshi Ma treu ergeben ist und an jedem Freitag für sie fastet, wendet sich alles zum Besten durch das Einschreiten der Göttin.

Dass für die Zuschauer die Grenze zwischen Film und Wirklichkeit nicht scharf ist, war offensichtlich. Wenn hingebungsvolle Songs ertönten und Santoshi Ma erschien, legten die Leute um mich herum spontan ihre Hände ehrerbietig zum Gruß zusammen. Mir lief eine Gänsehaut über. Auf dem Land wurden die Kinos vorübergehend sogar zu Tempeln. Die Zuschauer ließen ihre Schuhe vor der Tür, verbeugten sich, wenn Santoshi Ma erschien und warfen Blumen und Münzen auf die Leinwand. Und in ganz Indien nahm das Fasten am Freitag für Santoshi Ma zu. *Santoshi* bedeutet Zufriedenheit. Sie soll Zufriedenheit in der Familie gewähren und außerdem den Wunsch nach einem Sohn erfüllen.

Auch Suman fastet an jedem Freitag schon seit ihrer Teenagerzeit. Sie ist überzeugt, dass Santoshi Ma ihr den guten Mann und aufgeweckten, hübschen Sohn geschenkt hat. Ihre Familie ist tatsächlich ein erstaunliches Beispiel von Zufriedenheit, obwohl sie in einem Stübchen von 2 mal 2,5 Meter hausen, ihr Mann keinerlei Schulbildung hat und sie von umgerechnet 50 € im Monat leben.

Die meisten Hindus leben in einer magischen Welt, in der alles belebt und ihr Lieblingsgott nah, vertraut und wie ein Mitglied der Familie ist. Er (oder sie) hat ein kleines Zimmer oder zumindest eine Ecke in fast allen Hindu-Wohnungen und wird in den Alltag miteinbezogen. Ihr Gott kann jederzeit eingreifen und einen Wunsch erfüllen, sofern er will. Und wenn er nicht will, hat das, davon sind sie überzeugt, seinen Grund oder die Zeit ist eben noch nicht reif dafür. Sie lassen sich im Normalfall nicht entmutigen. Sie nehmen die Situation an, wie sie ist, und machen einen weiteren Versuch. Wenn es sein soll, klappt es beim nächsten Mal. Es eilt nicht. Sie haben die Ewigkeit zur Verfügung.

Vielleicht hängt die Gelassenheit und gutmütige Flexibilität der Inder damit zusammen, dass sie an ihrer Daseinsberechtigung in dieser Welt nicht zweifeln. In der gesellschaftlichen Hierarchie mag jemand in diesem Leben hoch oder niedrig platziert sein (und diese Platzierung kann sich ändern, spätestens im nächsten Leben), aber er muss sich nicht beweisen, dass er etwas wert ist. Es ist für ihn selbstverständlich, denn Gott hat ihn da hingestellt, wo er steht. Er hat im großen Gefüge und Plan seinen Platz. Nur diesen eigenen Platz muss er so gut wie möglich ausfüllen. Zufriedensein und Lächeln gehört dazu. Und auch die Eltern zu ehren, betonte Suman, und das Auf und Ab im Leben gelassen hinzunehmen. Am Neujahrsfest wird in Südindien traditionell eine bitter-süße Speise zubereitet. Sie symbolisiert, dass das neue Jahr eine Mischung aus süß und bitter sein wird.

Das Leben ist oft bitter in Indien, nicht nur aufgrund schwieriger Umstände, sondern auch wegen schwieriger Menschen. Ich habe manchmal den Eindruck, dass die Extreme in Indien stärker ausgeprägt sind als anderswo. Es gibt unglaublich kultivierte, weise, schöne Menschen, und es gibt

Im unvergleichlichen Himalaja: Hier lässt sich der Schatz, der in jedem verborgen ist, leichter entdecken.

hässliche Egoisten, die ihren Vorteil ohne Rücksicht auf Verluste durchsetzen. Die zweite Kategorie hat oft einflussreiche Positionen inne und das Geld, sich selbst vom Gesetz freizukaufen und, im Fall von Politikern, die Wahl zu manipulieren. Kriminelle und Vorbestrafte haben sich zuhauf in der Politik eingenistet, da dort das große Geld zu holen ist, und auch die Zeitungen scheinen bestechlich zu sein. Anders kann ich es mir nicht erklären, dass die korruptesten Politiker oft eine gute Presse bekommen.

Gut und Böse, wie auch alle anderen Gegensätze, haben jedoch ihren Platz nur in der Welt der Erscheinungen. Die wahre Essenz bleibt davon unberührt, ähnlich wie unsere Person von den erfreulichen oder schrecklichen Erlebnissen in einem Traum nicht wirklich berührt wird, obwohl sie sich eine Zeit lang scheinbar gefreut bzw. gelitten hat. Außerdem ist böses Handeln im Grunde eine Dummheit. Wer nur für sich oder seinen Clan auf Kosten anderer Vorteile sucht, schadet sich selbst. Doch Dummheit schützt vor Strafe nicht. Irgendwann, so besagt das Gesetz des Karmas, wird die entsprechende Reaktion auf die Aktion das betreffende Ego einholen und es wird leiden, solange es sich als die »Hauptperson« versteht und noch nicht kapiert hat, dass es im Grunde ein Phantom ist.

Gutes Handeln ist in Harmonie mit dem Ganzen und schadet niemandem. Und wenn wir eins mit allem sind, wie die Weisheit Indiens und die Quantenphysik gleichermaßen behaupten, gilt selbstverständlich: »Was du nicht willst, das man dir tu, das füg auch keinem andern zu!« bzw. »Liebe deinen Nächsten wie dich selbst«. Folgerichtig wünschen die Inder seit uralten Zeiten: »Mögen alle Wesen glücklich sein.«

Inder wissen jedoch, dass das Leben nicht nur Glück, sondern auch Unglück mit sich bringt, sie wissen außerdem von ihren Epen und ihrer Mythologie her, dass schon vor Jahrtausenden Gut und Böse im Kampf miteinander lagen, und sie erwarten nicht, dass sich das bald ändern wird, da die Menschheit ihrer Zeitrechnung nach derzeit im *Kali Yuga*, dem dunkelsten aller Zeitalter, lebt. Doch Inder halten viel aus. Selbst die schlimmsten Katastrophen werfen sie nicht um, und selbst in widrigsten Umständen schaffen sie es, sich irgendwie zu behelfen und weiterhin zu lachen. Es ist ein Charakterzug, über den die Welt staunt und der seine Wurzel in der alten indischen Weisheit haben dürfte: Alles in dieser Welt ist veränderlich und was passiert, geht im wahrsten Sinn des Wortes vorüber. Doch eines ist unveränderlich und ewig: das, was man in der Tiefe wirklich ist und in dessen liebender Umarmung jeder aufgehoben ist. Diese Essenz überlebt den Tod:

»Das Wasser kann es nicht nass machen, der Wind nicht trocknen, das Feuer nicht verbrennen und das Schwert nicht verletzen«, sagt Krishna in der »Bhagavadgita«.

Die Mehrheit der Inder – reich und arm, jung und alt – hat trotz der massiven und teils erfolgreichen Propagierung der materialistischen, »wissenschaftlichen« Weltanschauung (die inzwischen längst von der Wissenschaft selbst überholt ist), Vertrauen in ihre alte Tradition. Und es tauchen in jeder Generation wieder große Gurus auf, die diese Tradition stärken.

Swami Ramdev ist derzeit ein junger, neuer Stern am Guru-Himmel. Er begann im Jahr 2002 mit Atem- und Yogademonstrationen im Fernsehen und hatte im Nu eine riesige Gefolgschaft. Er gibt Yoga-Camps im ganzen Land, trainiert Yoga-Lehrer und begründete das angeblich größte Zentrum für Yoga und Ayurveda in der Nähe Haridwars. Er will Indien durch Yoga, *Pranayama* und Ayurveda von Krankheit befreien und ist überzeugt, dass das möglich ist.

Kein Wunder, wenn Pharmakonzerne beunruhigt sind und seiner Medizin dubiose Ingredienzien unterstellt werden. Die Anschuldigungen erwiesen sich jedoch bisher als falsch und machten Swami Ramdev nur beliebter. Er rechne mit Kontroversen, da er »gegen den Strom schwimmt«, wie er sagt. Er weiß jedoch, dass Yoga und *Pranayama* Erstaunliches bewirken können, denn er hatte seine halbseitige Gesichtslähmung durch die alten Techniken kuriert und rät folglich mit einer gewissen Autorität: »Probier die Übungen aus und du wirst den Unterschied in einigen Monaten merken. Du bist dann im Alltag stressfrei, aktiv, kreativ und fühlst dich wohl.«

Er selbst wirkt stressfrei, aktiv, kreativ und scheint sich wohl zu fühlen, und er sieht aus, wie ein Yogi wohl schon vor Jahrtausenden aussah: langes, dichtes Haar, langer, dichter Bart, langgliedrig, schlank, ein orangefarbenes Tuch um die Hüften und ein anderes über die Schultern. Nur das Handy passte nicht ganz ins Bild, als ich ihn in Dehradun sah. Aber er hat sein Ohr am Puls der Zeit und weiß Rat –

nicht nur, wie man Stress, sondern auch wie man fünf Kilos in einem Monat loswird, oder wie man verhindert, dass Haare ausfallen oder grau werden. Ja, er behauptet sogar, dass Haare nach rund einem Jahr wieder dunkel werden oder nachwachsen, wenn man täglich fünf bis zehn Minuten die Fingernägel aneinander reibt.

Inder sind nicht abgehoben. Sie schätzen schöne Haare, gutes Essen, gepflegtes, attraktives Aussehen und fröhliche Feste. Ihre Weisen haben nichts gegen den Erwerb von Reichtum mit fairen Mitteln, denn Wohlstand ist für die Gesellschaft nötig. Indien war ein fabelhaft reiches Land, bevor es von fremden Herren ausgebeutet wurde. Inder können derzeit ihren Unternehmergeist wieder beweisen, seit in den neunziger Jahren die Reglementierung durch den Staat teilweise aufgehoben wurde. Sie haben Freude am Leben und an der Welt – wenn man einer Umfrage glauben kann und wenn mein Eindruck stimmt, sogar mehr Freude als der materiell reichere Westen. Ein Grund ist sicher, dass die Inder überwiegend jung sind – die Hälfte ist unter 25 Jahre alt. Ein anderer, und womöglich wichtigerer Grund ist, dass sie in ihrer uralten Tradition verankert sind. Ich glaube, diese Verankerung gibt Indien seine ganz besondere Atmosphäre und Kraft. Viele, auch junge Menschen spüren noch, worauf es im Leben ankommt. Und es spricht sich allmählich im Westen herum, dass man »von so einem Land« etwas erwarten kann.

Vertraute Fremde – faszinierende Begegnungen

Katharina Tiwald: Die erzählte Stadt

Das facettenreiche Porträt des »Venedigs des Nordens«. Mit Fotos von Vladimir Kustov.

»Ein Sankt Petersburg, das kaum ein Tourist finden kann, zeigen Katharina Tiwalds Streifzüge durch die Stadt – verstörend eindringliche Wanderungen zwischen Essay, Erzählung, literarischer Spurensuche, Reportage und Gesprächsprotokollen.« *Die Zeit*

224 S. mit Fotos, ISBN 3-7766-2479-5, Herbig Horizonte

Hans-Joachim Löwer: Bahnhof der Träumer

An der Grenze zwischen Mexiko und den USA begegnete Hans-Joachim Löwer Menschen, die sich an Güterzüge hängen und alles versuchen, um halbwegs würdevoll in den USA zu leben. 2555 Kilometer teilte er mit illegalen Migranten aus Lateinamerika die Härten dieser gefahrvollen Reise.

»Ein eindringlicher Bericht.« *Welt kompakt*

224 S. mit Fotos, ISBN 3-7766-2460-4, Herbig Horizonte

Lesetipp

BUCHVERLAGE
LANGENMÜLLER HERBIG NYMPHENBURGER
WWW.HERBIG.NET

Sie reisen in eine
vertraute Fremde.
Sie folgen einer ungewöhnlichen Spur.
Ganz aus der Nähe berichten
sie über faszinierende Begegnungen.
HERBiG Horizonte
Dieter Sauter
Im Land des Hamam
Begegnungen in der unbekannten Türkei
Katharina Tiwald
Die erzählte Stadt
Unbekanntes Sankt Petersburg
Maria Wirth
Von Gurus, Bollywood und heiligen Kühen
Hans-Joachim Löwer
Bahnhof der Träumer
Mit Latinos illegal durch Mexiko

Dieter Sauter
Im Land des Hamam

Begegnungen in der unbekannten Türkei

Wer ein Land kennen lernen will, muss seine Menschen kennen lernen. Es gibt wenige Länder auf der Welt, die so viel miteinander zu tun haben und so wenig voneinander wissen wie Deutschland und die Türkei. Der langjährige ARD-Korrespondent Dieter Sauter nimmt uns mit auf eine Reise durch ein vielfältiges Land: zu einem Scheich weit im Osten, einem Schäfer hoch in den Bergen Anatoliens und einem Modeschöpfer am Bosporus. Er erzählt u.a. vom Leben eines Hamam-Besitzers, von einem Meister des Wasserpfeifenbaus, einer Professorin, einem Diskjokey, einer Schatztaucherin, einem Dieb und einer Derwischin.

So entstehen in Text und Bild Nahaufnahmen aus einer unentdeckten Welt und authentische Porträts voller Unmittelbarkeit, die die Türkei jenseits der Klischees zeigen.

224 S. mit Fotos, ISBN 3-7766-2481-7, Herbig Horizonte

Lesetipp

BUCHVERLAGE
LANGENMÜLLER HERBIG NYMPHENBURGER
WWW.HERBIG.NET

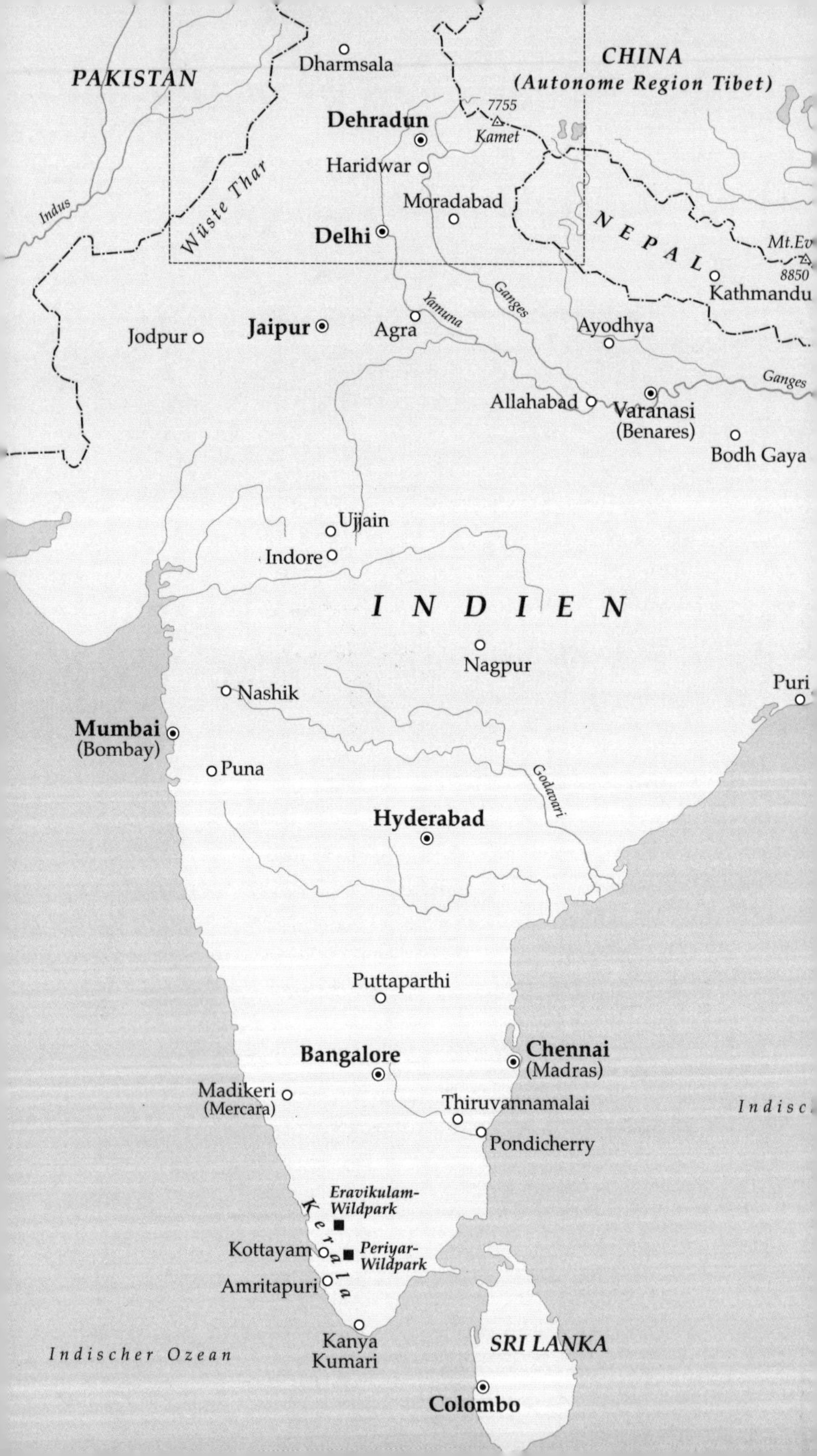

PAKISTAN
Dharmsala
CHINA
(Autonome Region Tibet)
7755
Kamet
Dehradun
Haridwar
Moradabad
Indus
Wüste Thar
Delhi
NEPAL
Mt.Ev
8850
Kathmandu
Yamuna
Ganges
Jodpur
Jaipur
Agra
Ayodhya
Ganges
Allahabad
Varanasi
(Benares)
Bodh Gaya
Ujjain
Indore
INDIEN
Nagpur
Puri
Nashik
Mumbai
(Bombay)
Puna
Godavari
Hyderabad
Puttaparthi
Bangalore
Chennai
(Madras)
Madikeri
(Mercara)
Thiruvannamalai
Indisc
Pondicherry
Eravikulam-Wildpark
Kerala
Kottayam
Periyar-Wildpark
Amritapuri
Kanya Kumari
Indischer Ozean
SRI LANKA
Colombo